注文をまちがえる料理店のつくりかた

THE RESTAURANT OF ORDER MISTAKES

小国士朗

写真＊森嶋夕貴

方丈社

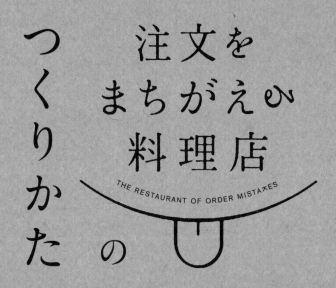

「注文をまちがえる料理店のつくりかた」目次

02 1日目

はじめに

「注文をまちがえる料理店」へようこそ。

このプロジェクトの発起人の小国士朗といいます。

「注文をまちがえる料理店」とは、その名のとおり、オーダーや配膳をときどき間違えてしまうレストランです。そんなことを聞くと、みなさんの頭の中にはさっそくいくつもの疑問がわくでしょう。

疑問1：なんでオーダーや配膳を間違えちゃうの？

答え1：この料理店で注文を取るホールスタッフは、みんな〝認知症〟の状態にあるからです。

疑問2：そもそも注文を間違える料理店なんて許されるの？ 普通は怒られるでしょ？

答え2：この料理店では間違いはいくつも起こりますが、お客様の中で怒る人は誰一

人いません。
むしろ、間違われてラッキー、間違われなくて残念なんて声が上がるほどです。
間違えることを受け入れて、間違えることを一緒に楽しむ。

そんなコンセプトを掲げて、「注文をまちがえる料理店」を2017年6月に〝プレオープン〟という形で開催しました。さまざまな業種から集まったメンバー15人ほどの「注文をまちがえる料理店実行委員会」を組織し、身近な友人・知人80人をまねいて、2日間限定でおそるおそる開いてみたのですが……すぐにTwitterやFacebookといったSNSを中心に情報が爆発的に広がり、国内はもちろん世界20か国以上から問い合わせや取材の依頼が殺到する事態になったのです。

そして、その3か月後の9月には、規模を大幅に拡大して行ないました。クラウドファンディングを通して、24日間で493の個人・企業・団体から1291万円の支援のほか、個人からの寄付も集まり、東京六本木のレストランを舞台に、今度は3日間限定でオープン。300人近い一般のお客様がお越しになり、大盛況のうちに終わりました。

と、さらっと書けばこれくらいで終わる話なのですが。

なぜ、こうして本を書いているかというと、いま、ものすごい数の問い合わせをいただいているからです。北は北海道から南は九州・沖縄まで、国境を越えて韓国やオーストラリアなどからも「注文をまちがえる料理店」を自分の街で開いてみたい！　という問い合わせが毎日のように届いています。

本当に嬉しい話です。でも実は僕、普段はテレビ局のディレクターをやっています。テレビ局での仕事が本業で、「注文をまちがえる料理店」は仕事とは完全に切り離した個人的なプロジェクトです。そして、実行委員会のほかのメンバーもみんな、ボランティアベースで参加している人たちばかりなんです。

そりゃ、北海道に行きたいです（おいしい海鮮丼食べたい）。
もちろん、韓国も行きたいです（おいしいサムギョプサル食べたい）。
でも、みんな本業があってなかなか行けない。
でも、みなさんからのご要望にはお応えしたい。
（おいしい料理を食べたいだけじゃないです）

というわけで、本を書くことにしました。
マニュアルブックにするという手も考えたのですが、箇条書きの4ページくらいで終わってしまいそうでした。それだと、編集者さんにものすごく怒られそうだったので、ない知恵を絞って、「フォトドキュメンタリーブック」の体裁をとることにしました。6月のプレオープンのときから、ずっと密着してくれているフォトグラファーの森嶋夕貴さんの写真（カバーの写真も森嶋さんが撮影してくれたものです）。この素敵な写真を軸に、9月に実施した「注文をまちがえる料理店」をドキュメントしていきます。その中に、料理店のつくりかたの〝エッセンス〟がいたるところに散りばめられているはずです。

ただし、この本は、あくまでも発起人である僕の目から見た「注文をまちがえる料理店」のドキュメントであることを強調しておきます。これから語られる話は、「注文をまちがえる料理店」のすべてでも、正しい解釈や解説でもありません。

「Don't think.Feel」

かの有名な「燃えよドラゴン」の中のセリフです。

考えるな、感じろ。

「注文をまちがえる料理店」は、まさにこのセリフがぴったりくる場所です。

「注文をまちがえる料理店」というのは不思議な場所です。

見る人によって、語る人によってその姿がさまざまに変わります。

ですから、大切なことは、この本を読んでくれたみなさんが、それぞれのバックグラウンドをもって、それぞれの感性で自由に解釈してもらうことだと思っています。

さあ、めいっぱいのワクワクとドキドキを胸に。

「注文をまちがえる料理店」の世界に触れてみてください。

装丁
鈴木千佳子
写真
森嶋夕貴
取材協力
鈴木靖子
ロゴデザイン
注文をまちがえる料理店実行委員会

01

開店前夜

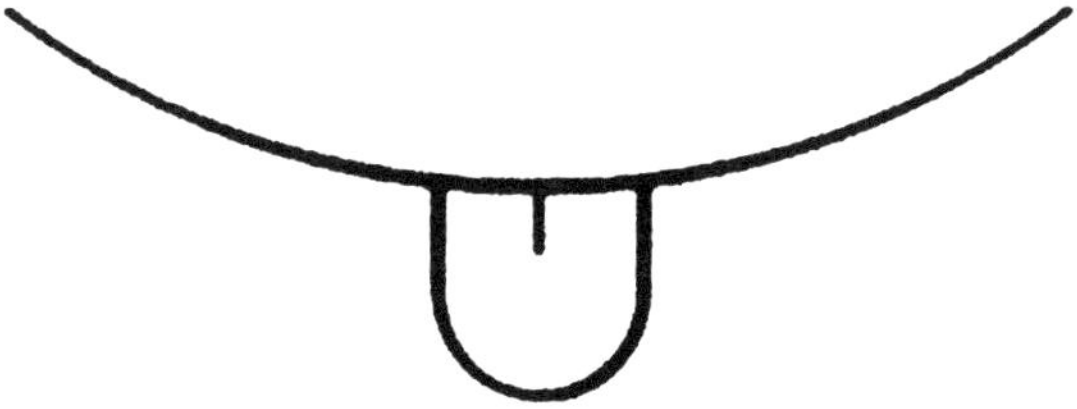

2017年9月15日

六本木・RANDY

3:00 p.m.

RANDYの看板が、「てへぺろ」に変わる。

9月15日、金曜日。
六本木一丁目のレストラン「RANDY」。
ここが、あしたから3日間「注文をまちがえる料理店」の舞台になります。

実は、ずっと、お店探しは難航していました。
なかなかイメージどおりの場所が見つからない。

頭を抱えていた7月末。
6月のプレオープンの際に、お客様として足を運んでくださっていた力石寛夫さん（トーマス アンド チカライシ代表取締役）から「とてもいい雰囲気のお店がありますよ」と紹介されたのがＲＡＮＤＹでした。

初めてお店を見たとき……衝撃を受けました。あまりにも僕たちが抱いていた理想のイメージとぴったりと重なったのです。都会の喧騒を避けるような、ちょっと控えめな感じのたたずまい。ツタの絡まる三角屋根に、日の光がふり注ぐ、風通しのいいテラス席。これ以上いくとちょっとしたポエムが生まれてきそうなくらい、すばらしくおしゃれなレストラン。ここでやるべきだ、と一目見てそう思いました。

「注文をまちがえる料理店」が大切にしているルールの一つに、おしゃれであることというのがあります。万が一「いまから社会にいいことやりますんで、ちょっとくらいイケてなくても許してくださいね」なんて思いがあったら、それは最悪です。

「注文をまちがえる料理店」は、なんといっても料理店なんです。料理店を名乗る以上は、お店の環境や雰囲気はとても重要です。明るくて、ぬくもりがあって、おしゃれで……。

おおっ……RANDYの看板が、「注文をまちがえる料理店」のロゴ看板に替わりました。

このロゴも、料理店の大切な大切な要素です。

「間違えちゃってごめんね〜」と、てへっと笑って、ぺろっと舌を出す様子をモチーフにした、通称「てへぺろ」のロゴマーク。

そして、注文をまちがえるの「る」が横になっているのもチャーミングです。プレオープンのとき、お客様から高い評価を受けたのが、このてへぺろのロゴデザインでした。みなさん「かわいい〜」「おしゃれ〜」を連発。

そんなおしゃれなデザインを生み出したのが、TBWA\HAKUHODOのチームです。

2016年10月頃、2か月ほど前に知り合ったばかりのクリエイティブディレクター、近山知史さんに「注文をまちがえる料理店」というのをやりたいんだよね、と相談すると「面白い！」とすぐに食いついてくれました。

近山さんは広告業界随一の売れっ子の一人なので、「え、一緒にやってくれるの？　ラッキー！」くらいに思っていたら、すぐに社内の超絶優秀なアートディレクターである徳野佑樹さんと小川貴之さんを呼んでくれて、僕が構想を話した1週間後には、てへぺろのロゴマークが出来上がっていました。

僕はいま、38歳の立派なおっさんですが、初めてこのロゴを見たときは胸がきゅんきゅんしました。

「注文をまちがえる料理店」の世界観が凝縮されているのはもちろん、なんとも親しみやすく、とってもフォトジェニックじゃないですか。

大事なお店な看板を「付け替えてもいいよ」といってくれたRANDYさんの粋な計らいに感謝しながら、みんなで、てへぺろロゴの特注看板をパシャパシャ撮りまくります。

15時30分過ぎ。1台のトラックが店の前に到着し、ピアノが静かに運び込まれます。
「注文をまちがえる料理店」にとって、ピアノは欠かせない要素です。

15時50分。店の入り口前に20分足らずで足場が組まれ、
「注文をまちがえる料理店」の“てへぺろ”のロゴマークが取り付けられます。
台風18号接近のニュースもあり、固定する木材が追加されました。

注文を
まちがえる
料理店
THE RESTAURANT OF ORDER MISTAKES

4:00 p.m.

ある日、料理店の名が、頭の中に、降ってきた。

白髪を逆立てたおじさんが、「おうっ」と手を挙げながら歩いてきます。「注文をまちがえる料理店」の実行委員長で、認知症介護の〝プロフェッショナル〟の和田行男さんです。業界ではその名を知らない人はいないほどの有名人ですが、ときに〝異端児〟と呼ばれることもあるとか。このアクの強いおじさんと出会っていなかったら、僕が「注文をまちがえる料理店」を思いつくことは100%ありませんでした。

2012年、僕はドキュメンタリー番組の取材で、和田さんの運営する名古屋の施設に密着していました。和田さんは首都圏を中心に20か所以上の施設を統括するマネジャー。名古屋の施設はまだ開設まもなかったので、和田さんはほぼ住み込み状態で現場に張り付いていました。僕はいろいろな社会課題を取材してきましたが、なぜかそのときまで認知症の取材はいっさいしたことがありませんでした。でも、結果的にそれがよかったんだと思います。認知症の〝に〟の字も知らない状態で和田さんの現場に突っ込んだので、すべてが驚きで、すべてが新鮮だったからです。

和田さんもまた介護の世界で生き続けてきた人ではありません。もともとはＪＲの前身である国鉄の職員でした。30年前、労働組合の青年部長などをつとめていたのですが、民営化の波は止まることはなく、「子どもの頃から憧れて入った大好きな国鉄が国鉄をやめるなら、俺も辞める」といって退職。そして、国鉄時代に、障がい者が列車での旅を楽しめるようにするプロジェクトに携わっていた関係もあって、「福祉の仕事も悪くないな」と思い、介護の世界に飛び込みました。当時は、認知症になれば多くの行動が制限されることが当たり前とされていたそうです。施設の中に閉じ込められたり、薬物で眠らされたり、椅子やベッドに縛り付られたり……そうした状況に強い疑問を感じた和田さんは、「人として〝普通に生きる姿〟を支える」介護をめざして、認知症のお年寄りたちが家庭的な環境のもと、少人数で共同生活を送る「グループホーム」で先駆的な取り組みを続けてきました。

和田さんの施設では、認知症であっても、自分でできることは自分でするのがルールです。包丁を握り、火を使って料理をし、洗濯、掃除を行ない、街へ買い物や散髪にも出かけていきます。もちろんすべてを完璧にこなせるわけではないので、けがや事故のリスクもあります。それでも和田さんは「人間って何が素敵かって、自分の意志を行動に移せることって、どれほど素敵か。その人間にとって一番素敵なことを奪ったらあかん。できるだけそのことを守る、守り手にならなイカンと思ってる」というのです。

認知症の〝に〟の字も知らなかった僕は、度肝をぬかれました。

恥ずかしながら、認知症へのイメージは「記憶障害」「徘徊」「暴言」「妄想」……というもので、基本的にはネガティブな印象しか持っていませんでした。そして、認知症になったら、施設でぼんやりと過ごしているのかな……くらいに考えていたのです。

でも、目の前に広がる風景の〝普通〟さといったら。

炊事、掃除、洗濯は当たり前。さらにグループホームから700mほど離れた市場まで、みんなでお買い物にもがんがん行きます。市場について買い物がはじまると、その姿はどこにでもいるおじいさん、おばあさん。いわれなかったら、どこに認知症の状態にある人がいるのかわからなくなるほど、街に溶け込んでいたのです。

それは、和田さんをはじめ、施設の職員が一人ひとりの認知症の度合いや身体能力などを見極めながら、できる限り普通の暮らしを維持できるよう、全身全霊をかけて支援しているからこそ生まれる〝当たり前の風景〟です。あぁ、素敵だなと思っていたある日、ちょっとした〝事件〟が起きました。

ロケの合間に入居者のおじいさん、おばあさんが作るお昼をごちそうになることがよくあったのですが、その日のお昼ごはんには〝違和感〟がありました。なぜなら、僕が事前に聞いていた献立はハンバーグ。でも、目の前に出てきたのは餃子です。いや、ちょっと待って。ひき肉しかあっていませんけど……。「これ間違いですよね？」と、いおうとして、その言葉をぐっと飲みこみました。

「これ、間違いですよね？」

その一言によって、和田さんたちが認知症の状態にある人たちと一緒に築き上げてきた

〝当たり前の風景〟をぜんぶぶち壊してしまうような気がしたのです。「こうしなくちゃいけない」「こうあるべき」。そういった考え方が、どれだけ介護の現場を窮屈に息苦しいものにしてきたか。そのことを和田さんにはさんざん聞いていたし、そんな介護の現場を変えようと日々格闘を続けてきた和田さんを取材している僕が、なぜハンバーグと餃子の間違いくらいにこだわっているんだと、めちゃくちゃ恥ずかしくなりました。

ハンバーグと餃子ですよ。

別にどっちでもいいじゃないですか。おいしければ。

おじいさん、おばあさんもバクバク食べていますよ。

食べ終わって、箸の先っぽについた餃子のタレをぺろぺろなめていますよ。

と、その瞬間でした。

頭の中に「注文をまちがえる料理店」というワードが突然降ってきたのです。

和田さんから「近所に注文を間違えるお好み焼き屋さんがあって、注文もお金も間違えるんや。最高におもろいから、小国さん行こうや！」と何度も誘われていたのが印象に残っていたからかもしれません。頭のどこかにしまっていた宮沢賢治の「注文の多い料理店」の記憶が何かの拍子に引っ張り出されてきたのかもしれません。いずれにせよ、あまりにも鮮烈に「注文をまちがえる料理店」というワードが生まれたのです。

ワードが生まれると、妄想が走り出します。

僕がお客様でお店に行くと、そこで働く人はみんな認知症で、ハンバーグを頼んだのに、なぜか餃子が出てくる。でも、お店の名前が「注文をまちがえる料理店」となっているから、僕は怒らない。むしろ、間違われて嬉しくなっちゃうかもしれない。餃子を食べながらふふっと笑っているかもしれない。「間違えちゃったけど、ま、いいか」。認知症の人も、そうでない人もみんながそういいあえるだけで、少しだけホッとした空気が流れ始める気がする……。

なんだこれ。めちゃくちゃ面白いな。

絶対に見てみたい。

僕はさまざまな社会課題を取材していく中で、一つ思っていたことがありました。それは「社会課題は、社会受容の問題であることも多い」ということです。もちろん社会課題解決のためには法律や制度を変えることが重要なのは当たり前です。でも、僕たちがほんのちょっと寛容であるだけで、解決する問題もたくさんあるんじゃないかなぁとも思っていました。たとえば、電車に乗せるベビーカーにキレたり、同性婚は是か非かみたいな議論などは、社会の受容度、寛容度が高ければ解決する部分もけっこうあるように思います。

「注文をまちがえる料理店」も同じ発想です。当たり前ですが、この料理店で認知症のさまざまな問題が解決するわけじゃありません。でも、間違えることを受け入れて、間違えることを一緒に楽しむ。そんな新しい価値観をこの料理店から発信できたら……って思ったら、なんだか無性にワクワクしたんですよね。

和田さんとは取材が終わったあとも何度も会って、「注文をまちがえる料理店」の構想について話し合ってきました。そして、２０１６年夏に「よっしゃ、やろうぜ！」と盛り上がり、和田さんが統括マネジャーをつとめる介護福祉事業大手の大起エンゼルヘルプの小林由憲社長にも会わせてもらって、改めて「注文をまちがえる料理店」についてきちんと話し合いました。

小林社長は「和田のやりたいことを応援するのが僕の役回りですから」と笑いながら快諾してくれ、それを聞いた和田さんは「うちにはいい働き手になる婆さん（和田さんは、認知症の状態にある方の総称として、敬意と親しみを込めてこう呼んでいます）がぎょうさんおるから使ってや」といって、にやりと笑うのです。

話がまとまると、僕は「仲間を集めてきます」といって、近山さんをはじめ、ITやクラウドファンディング、外食サービス経営など、各分野の第一線で活躍しているプロフェッショナルたちに声をかけてまわりました。

すると、わずか2、3か月で考えうる限りの最高のメンバーが集まり、和田さんを実行委員長とする「注文をまちがえる料理店実行委員会」が発足。その後、何度かのミーティングを経て、2017年6月3日、4日の2日間でプレオープンすることが決まったのです。〝プレオープン〟としたのは、本当に「注文をまちがえる料理店」というコンセプトが受け入れられるのかを実験してみたかったからです。

このとき、僕たちが大事にしようと決めたことが2つあります。

1．料理店として、来てくれた方が十分満足できるような味にこだわる

2．間違えることは目的ではない。だから、わざと間違えるような仕掛けはやらない

1はとても大事な視点でした。だって、もし仮に自分たちがお客様で来て、ハンバーグを頼んだのに餃子が出てきて、その餃子がおいしくなかったら……なんだか許せない気がしたんです。だから、「どのお料理が出てきてもおいしい」。そのことが担保されてはじめて、注文を間違えられても笑って許せる雰囲気が生まれるのではないかと思いました。

この点は、実行委員会のメンバーの木村周一郎さん（ブーランジェリーエリックカイザージャポン代表取締役）が中心になって、完璧にオペレーションしてくれました。木村さんも参加している、外食サービス企業の若手経営者が集まる勉強会「77会」に声をかけさせてもらい、吉野家ホールディングス社長の河村泰貴さんと高級中国料理店、新橋亭の呉祥慶社長が参加してくれることに。そして、なんと3社によるオリジナルメニューを提供してくれることになったのです。

木村さんが展開する超人気フランスパンの専門店、メゾンカイザーのこだわり生地を使った「スペシャルきまぐれピザ」。吉野家HDの「ハンバーググリル 牛バラシチュー」、そ

して新橋亭の「ぷっくり手包みエビ入り水餃子」。
僕たちも試食をさせてもらいましたが、どれも最高においしい料理ばかりです。さらに、値段やアレルギーの問題には最大限配慮するべきという木村さんの意見を反映させて、値段は1000円均一に、アレルギーについてはきちんとお客様に申告してもらうオペレーションを組むことにしました。そしてなんと、場所も木村さんのご厚意で、座席数12席の小ぶりでおしゃれなストランをお借りすることができました。

2の「間違えることを目的としない。わざと間違える仕掛けはしない」という点についてでは本当に悩みました。お客様の期待が「注文を間違う」ことに集中しちゃったらどうしよう。いや、むしろそれを期待していらっしゃる方も少なくないかも……と思ったのです。でも、わざと認知症の方が間違えるように設計するのは本末転倒な気がしました。

実行委員会の打ち合わせには、和田さんが「認知症の状態にある方と身近に接したことのないメンバーが多い実行委員会には、少し緊張感が必要やろ」ということで、若年性認知症のご本人の三川泰子さんとその夫の一夫さんにも出席してもらっていました。ある打ち合わせの中で一夫さんが、「妻にとって、間違えるということはとてもつらいことなんですよね……」とおっしゃったんですね。その言葉は僕たちの胸に深く深く突き刺さりました。やっぱり、わざと間違えるような設計は絶対にやめよう。最善の対応を取りながらも、それでも間違えちゃったら許してね（てへぺろ）という設計にしようと決めました。

プレオープンの2日間でお越しになるお客様は80人。注文と配膳を担当する、認知症の状態にある方々は、事前に「やりたい！」という意思を示してくれた人の中から、和田さん達専門家に選んでもらった6人です。和田さんの会社の超優秀なマネジャークラスのサポートを受けながら、ローテーションでホールスタッフをつとめます。てへぺろマークの入ったエプロンを着けて、おばあさんたちもやる気十分。うん、かわいいぞ！

さあ、いざ店が開いてみると、目の前にはすごい光景が広がりました。みんな、絶好調。水を2個出すのは普通、サラダにはスプーン、ホットコーヒーにはストローがついています。そして、注文を間違わないようにと僕たちがけっこう苦労して作ったオーダー票なんですが……それをお客様に渡して書かせてるじゃないですか。すごいぞ、それなら間違わないね！　と思ったら、ハンバーグを頼んだお客様に餃子を出してるよ……さらに、レストランの入り口に立てかけられた「注文をまちがえる料理店」の看板を見て、「注文を間違えるなんてひどいレストランだね」と笑い飛ばすおばあさん。いや、あんたが間違えとるんや！

カオスです。はっきりいって、むちゃくちゃなんです。それなのに、お客様がみんな楽しそうなんですね。注文を取るのかなと思ったら、昔話に花を咲かせてしまうおばあさんとそのまま和やかに談笑したり、間違った料理が出てきても、お客様同士で融通しあったり。あちこちで、たくさんのコミュニケーションが生まれ、なんとなく間違っていたはずのことがふんわり解決していく。これは面白いなぁと思いました。

2日間のプレオープンの成果は僕たちの想像を上回るものでした。お客様にお願いしたアンケート結果を見ると、60％以上のお客様のテーブルで間違いがあったことがわかりました。しかし、そのことで腹を立てたり、不快に思ったという人は一人もおらず、90％が「またぜひ来店したい」と答えてくれたのです。

あれから3か月。和田さんは、てへぺろの看板に替わったＲＡＮＤＹを見上げながら、「いよいよやなぁ」とつぶやいていました。

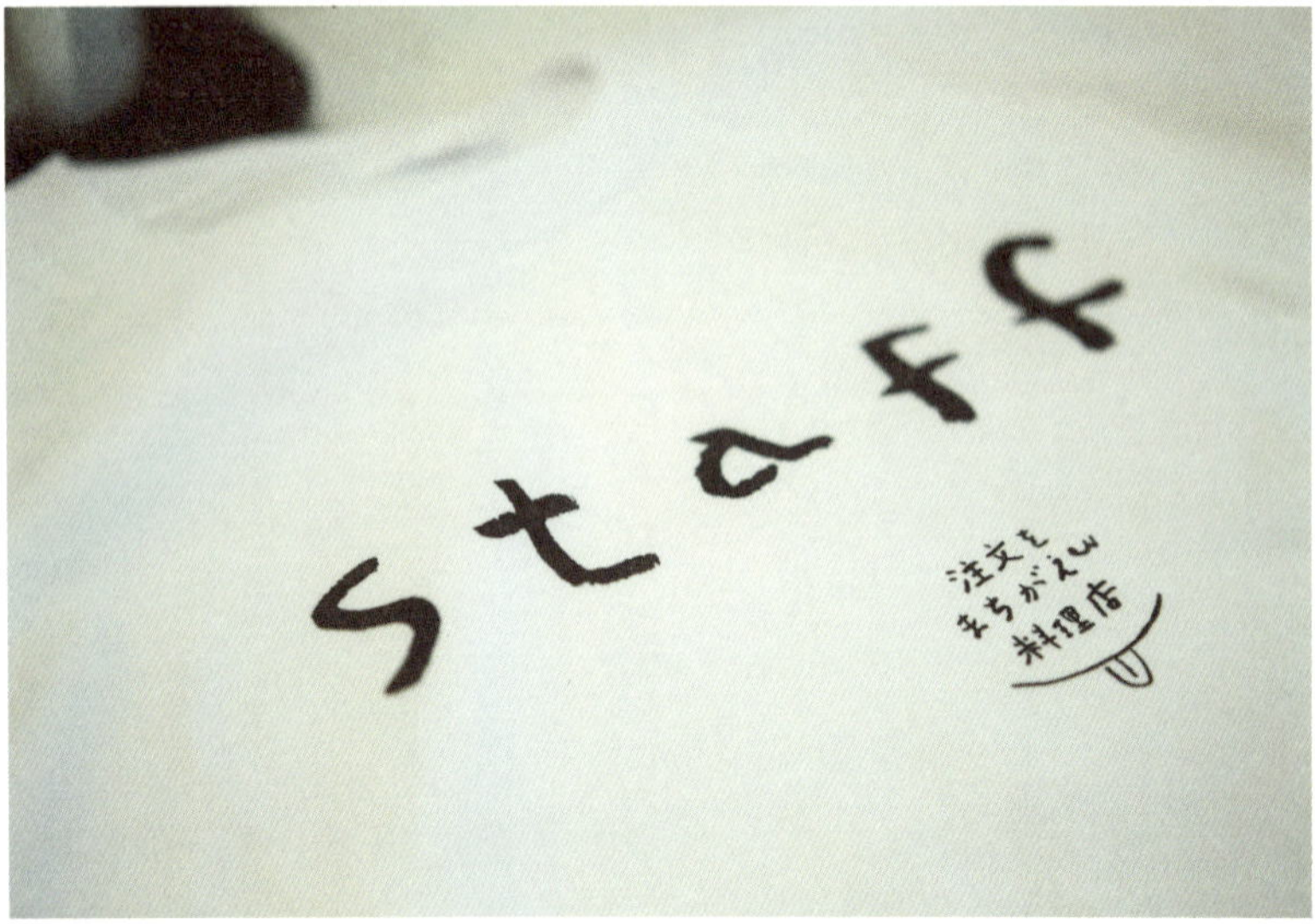
staff
注文を
まちがえる
料理店

“てへぺろ”ロゴマークのメインディッシュ用の大皿、
マグカップ、Tシャツが運ばれて来ました。
店内が「注文をまちがえる料理店」に変わっていきます。

16時50分過ぎ。コミュニケーションデザインチームを中心に、
店内のレイアウトが整えられます。
メニュー立て、テーブルナンバーも、手作り感のあるぬくもりを大切に。

VAIO

MEN'S CHOICE
Civility & Kindly
EMILIANO
Needles & Co.
6-6

(左) 入り口正面に、ロゴマーク。
(右)「注文をまちがえる料理店」実行委員会委員長の和田行男さんと著者。
リアルてへぺろです。

5:00 p.m.

お店の中が、少しずつてへぺろに染まってく。

お店の中では、ピアノの調律が続いていました。

僕たちにとって、ピアノは絶対に欠かすことのできない要素でした。プレオープンのときに、お客様からもっとも評判がよかったことがあります。それは、ピアノの演奏でした。プレオープンの3日前、当事者の立場から「注文をまちがえる料理店実行委員会」のミーティングに出席してくれていた三川夫妻から「ピアノの演奏をしたい」という連絡が入りました。

妻の三川泰子さんは、ピアノの先生をしている専門家でした。音大を出て、40年近くピアノ教室で先生をされていたそうです。しかし、4年ほど前に認知症と診断され、楽譜が読めなくなり、徐々に鍵盤の位置もわからなくなってきました。それでもピアノを弾きたいと、夫の一夫さんと一緒に練習を続けてきた曲があるので、それを料理店で演奏したいというのです。曲は「アヴェマリア（グノー／バッハ）」。泰子さんがピアノ、夫の一夫さんは趣味で数十年来たしなんできたというチェロで、一緒に演奏してもらうことにしました。

お客様の食事が終わった頃を見計らって2人を紹介し、演奏が始まります。何度も間違える泰子さん。音を外し、リズムが乱れます。そのたびに一夫さんが、そっと手を添え、正しい鍵盤の位置に泰子さんの指を置きます。止まり、戻り、つっかえながら、泰子さんが最後まで弾き終えたとき、料理店には優しい拍手がわき起こりました。涙を流されるお客様もいらっしゃいました。

演奏を終えた泰子さんを迎えると、「本当にありがとう。私は自分がどうなってしまったのかわかっています。ぜんぜん上手に弾けなかったけど、またこうしてピアノを弾けて、本当に嬉しいの」というのです。泰子さんは1日に3回から4回、演奏をするたびに同じことを僕に伝えてくれました。僕はただただ「すばらしい演奏でしたね」というばかりで、それ以外の言葉が見つかりませんでした。

プレオープンが終わった直後から、一夫さんからは「次回もピアノはお願いします」といわれていました。でも、残念ながらRANDYにはピアノがありませんでした。プレオープンのときには、お借りしたお店にたまたまピアノがあっただけなのです。

それなのに、和田さんからも「三川さんにとってピアノを表舞台で弾くことは必ず何かをつかむきっかけにつながるから、ピアノは必ず準備してほしい」といわれていました。

あぁこまったな……と思っていたら、実行委員会のメンバーでYahoo! JAPANの社会貢献(CSR)部署にいた箕輪憲良さんのつてで、ヤマハミュージックジャパンがピアノを提供してくれることになりました。担当者の方が6月のプレオープンのことをネットの記事で知っていて、「とても共感しました」とのことで、あっというまに協賛が決まったのです。

心地よいピアノの音色が響く店内で、三川さんとの約束を守れてよかった、和田さんからの要望をクリアできて本当によかったと……一人、にやりとしていました。

6:00 p.m.

お店の内装作業が本格化していました。

ここまでやっていいの？　とこちらが心配になるくらい気風のいいＲＡＮＤＹのご厚意に甘えまくり、TBWA\HAKUHODOチームの陣頭指揮のもと内装がどんどん変わっていきます。壁には、人気イラストレーターの塩川いづみさんが描き下ろしてくれたポスターが並びます。中でも目を引くのが、ぬくもりあるタッチで描かれたおばあさん。プレオープンのときにホールスタッフとして参加してくれた、秀子さんというおばあさんがモデルです。人懐っこい笑顔と絶妙なトークで人気者だった秀子さんは今回も参加してくれます。まさに〝看板娘〟になった秀子さん。早く見てもらいたいね、とみんなで話しています。

そして、次々に運ばれてくる食器やグッズの数々。メインディッシュ用の大皿やマグカップ、そしてエプロンには、てへぺろのロゴがばっちり入っています。オリジナルのグッズを制作することは、僕たちにとって新しいチャレンジでした。

普通の料理店と違って発注するロット（数）が少ないため、どうしてもコストがかさんでしまいます。ただ料理店をやるだけであれば、そこまでこだわる必要はありません。でも、議論を重ねて、やっぱりきちんとしたものを作ることにしました。

6月のプレオープンが終わった直後から「自分の街や自分の国でも注文をまちがえる料理店をやりたい」という声は届き始めていました。うん、だったらさ、いまは自分たちしかできていないけど、今後は「やりたい！」といってくれている人たちが、コストを少しでも抑えて実施しやすくするためにも、貸出可能なグッズや認知症への理解を促すブックレットなどを作っておくべきなんじゃないか？　なあ、みんな。そう思うよな。そうだ、そうだ、そうしよう‼　と、ある日の深夜にまでおよんだミーティングの中で、妙にハイテンションになった僕たちはそう決めたのです。

その資金はクラウドファンディングの仕組みを使って調達することにしました。6月のプレオープンのときは、和田さんの介護事業者仲間のカンパや77会のみなさんの支援によって実施しましたが、今回はその規模では収まりそうにありません。

そんなこともあろうかと、日本最大規模といわれるクラウドファンディング企業Readyforの米良はるか社長には、プレオープンの前から声をかけていました。「注文をまちがえる料理店というのをやりたいんですけど……」と、こちらの話が終わるか終わらないかのうちに「一緒にやりましょう！」と身を乗り出してくれた米良さん。

聞けば、パラリンピックのスキー日本代表がワックス代を捻出するのにも苦労しているという話を耳にして、いても立ってもいられなくなり、100万円の寄付を募るプロジェクトを立ち上げたのが、現在の会社を立ち上げた原点なんだそうです。

その話をしてくれたときの米良さんの目があまりにもきらきらしていたので、あぁ、こういう方とだったら絶対うまくいくだろうなと思い、一緒にやらせていただくことにしました。米良さんの動きは早く、すぐにプロジェクトキュレーターの夏川優梨さんと広報の大久保彩乃さんをつけてくれ、プロジェクトの資金調達のために全面的にサポートする体制を整えてくれました。

そして、8月7日から期間24日間でクラウドファンディングを開始。結果、目標額800万円に対して、493の個人、企業、団体から1291万円のご支援をいただくことができました（この場で改めて、心からのお礼を申し上げます。本当にありがとうございました）。

クラウドファンディングが始まったその日に夏川さんから聞いたんですけど、本来この目標金額だと24日間なんて期間設定は絶対にしないんだそうです。普通ならその3倍の期間は必要とのことで、うん、そういうことは早くいってほしかったなって思いました。集まって本当によかったし、感謝しかないんですけど、この3週間は生きた心地がしなかったです。

今回のクラウドファンディングの方式が「All or Nothing」といわれるもので、集まらなければプロジェクト不成立、お金は全額返金という恐ろしい方式だったので、プロジェクトの発起人としては変な責任を感じてしまって。

夏川さんは「このプロジェクトは前例がないことばかり起きるから絶対に大丈夫ですよ！」って力強くいってくるし、まあプロがそういうんだからそうなのかなくらいの気持ちでやってみたんですけど……繰り返しになりますが、達成するまでは生きた心地がしなかったです。

でも、クラウドファンディングって本当にすごいなと思いました。お金を出すという方法を通して、このプロジェクトの一員になってくれる人がたくさん増えていく。それは、単に資金が集まるということ以上の意味があるように思えました。

実際、このプロジェクトを和田さんから聞いて、介護福祉業界の方々が自主的にグループを立ち上げて一口1000円からのカンパを募り、何十人という仲間と一緒に支援をしてくださったというケースもありました。また、高校生が大切なお小遣いの中からお金を出してくれたという話も聞きました。そういった一人ひとりが、「注文をまちがえる料理店」の趣旨に賛同してくれている仲間なのだと思うと、ものすごく心強く思ったのでした。


かわいいいてへぺろのロゴが入ったたくさんのお皿やコップ。

じっと見ていると、かわいらしさを通り越して、愛おしさがこんこんとわいてきます。

7:00 p.m.

準備はまだまだ続いています。

実行委員会のメンバーが黙々と、ナプキンを折り、お手拭きをくるくる丸めています。

このナプキンとお手拭きは、オーガニックコットンビジネスのパイオニアといわれるアバンティの渡邊智恵子社長がこのプロジェクトの理念に共感し、オリジナルで製作・提供してくれたものです。オーガニックコットンで作られた優しい肌触りのナプキンとお手拭きにも、もちろんてへぺろのロゴが入っています。

お客様が席に着いたとき、さりげないけど、美しくナプキンが置かれていたらきっと嬉しいよね。せっかくだからロゴも見せたいし、この肌触りも楽しんでもらいたい……。どの折り方がいいのか試行錯誤が続きます。

そして、待ちに待った試食が始まりました。

僕は運悪く会社に戻らないといけない用事があったので、ここで中座。

その後、実行委員会のメンバーから次々とスマホに送られてくる写メを見て、うらやましいっていうより、腹が立ってきました。めちゃめちゃ、おいしそうじゃないか。

6月のプレオープンのときもすごい料理ばかりでしたが、今回も最高の料理が揃いました。

どの企業も全力でオリジナルの料理とデザートを開発し、食事にあった最高のドリンクを用意してくれました。

あぁ、もうがまんできない。
かつてないスピードで仕事を片づけた僕は再びＲＡＮＤＹへダッシュ。

そうしたら、店はもう閉まっていました。
そして、店の前には実行委員会の事務局長をつとめる増澤尚翠（僕と同じテレビ局の後輩）が一人ぽつんと立っていました。

さあ、あとはあしたのオープンを待つばかり。
その前に僕は晩御飯です。

注文を
まちがえる
料理店

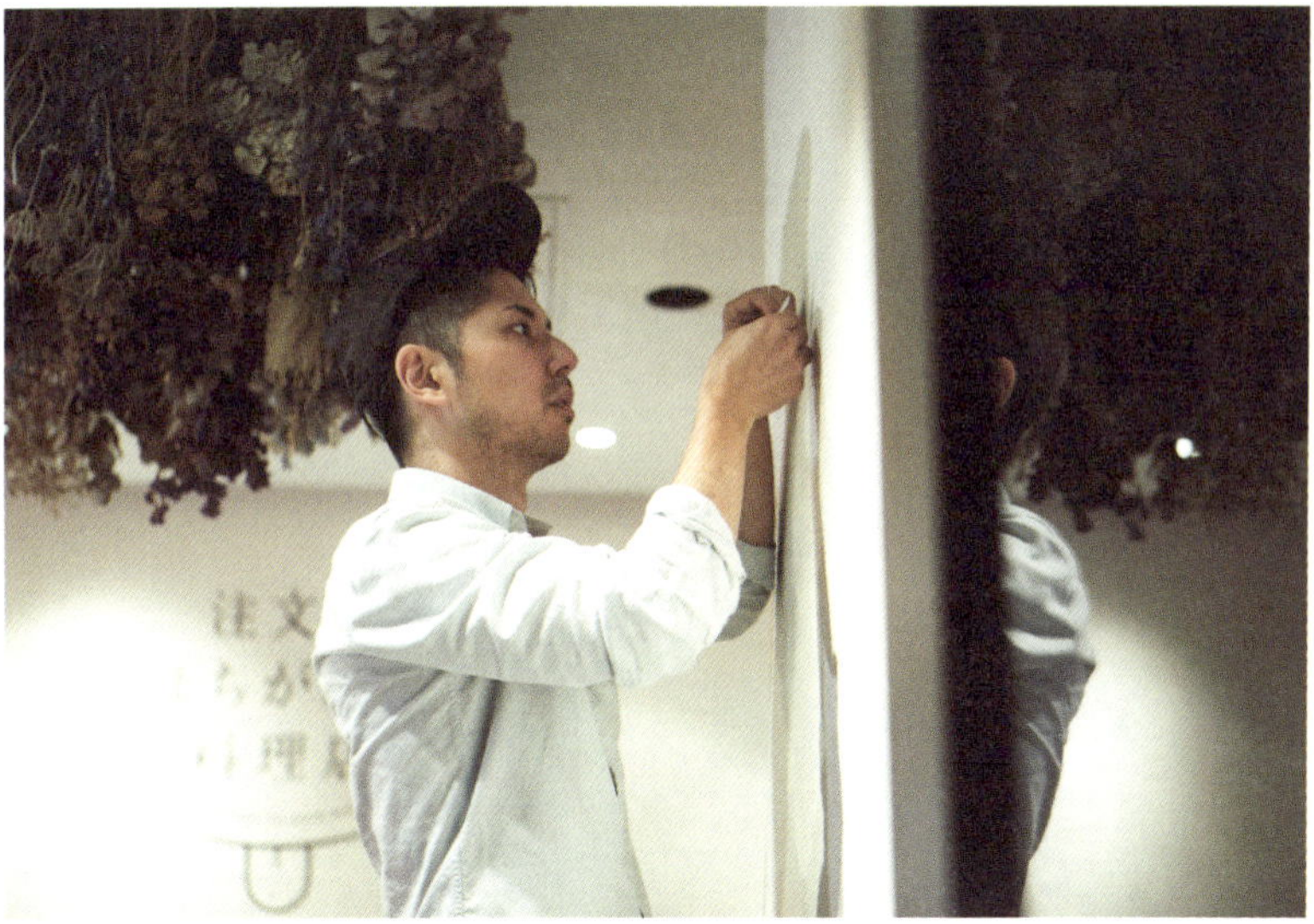

福祉サポートチームも混じり、店内レイアウトの確認。
コミュニケーションデザインチームはミリ単位でポスターの位置を調整します。

17時15分ごろ。（左）ナプキンの折り方ひとつもいろいろと試します。
19時過ぎ。（右）一風堂の「汁なし担々麺」の試作、そして試食。絶品です。

RANDYの協力もあり、いろんなたたみ方をへて、
このお店にいちばん似合ったかたちの
タオルやナプキンの姿が。

コミュニケーションデザインチームが
オーダー票などの印刷物の仕上がりを確認。
ポスターは人気イラストレーターの塩川いづみさんです。

注文を
まちが

column
01

タイトルが面白かった。だから、「間違えちゃうかもしれないけど、ごめんね」「まあ、いいか」と思える気持ちをデザインしました。

コミュニケーションデザインチーム
近山知史・徳野佑樹
(TBWA\HAKUHODO)

和田さん以外で、一番最初に声をかけたのが、近山さん。初めて「注文をまちがえる料理店」の話を持ちかけたとき、あるハンバーガーチェーンで高齢の店員さんに注文を間違えられて、商品を取り替えさせてしまったことをいまだに悔やみ続けているという話をしてくれた。その話で心をわしづかみにされ、参加してもらうことに。「注文をまちがえる料理店」のコンセプト設計、デザイン、世界中にどうやって広げていくかという戦略的なプランニング……いわゆる〝コミュニケーションデザイン〟全般のディレクションを担当。その近山さんが「最高のアートディレクター」がいると連れて来てくれたのが、徳野さん。言葉に偽りなしの、最高のアートディレクターだった。同僚の小川貴之さんと組んで、てへぺろのロゴを始め、店の内装外装、グッズなどすべてのデザインを担当。

＊

近山　2016年10月頃でしょうか。小国さんが「すごい面白いことがあるから、とりあえず話したい」と僕のところに来たんです。「正直、近山君がどんな人なのかもよくわからないけど、近山君とだったら何かできる気がする」って。話を聞いた瞬間、メチャクチャいいな！　と思ったわけです。と同時に、これには、人を巻き込んでいくストーリーが必要で、同時にデザインの力も重要になるだろうと。「間違いもエンターテインメント」だと思ってもらえるものにしなければいけないと考えました。

徳野　とにかく、「注文をまちがえる料理店」というタイトルが完璧でした。その上で、デザインができることは、気持ちを作ることだろうと。ロゴについても最初は、ちょっと間違えちゃったロゴや、『注文の多い料理店』の猫をモチーフにするといったアイデアなどもあったんです。でも、やっぱり今回大切なのは、どう思ってもらいたいか。「間違えちゃうかもしれないけど、ごめんね、『まあ、いいか』って思ってね」という思いを込めて、あのてへぺろのロゴができました。

近山　見た瞬間、「間違えてもいい場所なんだ」と思ってくれることが一番でしたね。このプロジェクトは認知症への理解がテーマですが、僕はもっと大きい意味をもっていると思うんです。まずは「間違う社会って実は面白くねえ？」

「ちょっと間違っても、まぁ、いいじゃん!」というのがあって、その中に認知症がある。このバランスがすごい面白いんですよ。

徳野　その意味でも、デザインのクオリティ感には気をつけました。手作りのそんなにすごくよくはないけど、みんなでがんばったね、というお店には絶対にしたくなかったんです。「行ってみたい」「写真に撮りたい」といった憧れを抱く空間にしないと、意識の高い人のためのイベントで終わってしまう。正しいことをしたい人や、いい人のためだけではなく、「面白そう!」と思ってもらえる、魅力的な場所にしたいと思っていました。

ポスターや冊子のイラストは、大好きなイラストレーターの塩川いづみさんにお願いして。おばあちゃんの似顔絵も、何度も描いていただき、すごい素敵な表情が出ました。

近山　ロゴは実行委員会のみんなから一発OKをもらい、そこからTシャツやポスターを制作し、グッズ展開をして、そのあたりはすべて徳野がリーダーになってやってくれました。

でも、僕らがやってきたことって、実はそれだけではないんです。先ほどいった「人を巻き込んでいくストーリー」を、デザインや情報を含め、どう作っていくのか、どう見せるのかというのを、とにかく考えましたね。

徳野　どう人に見せていくかという全般——つまり、コミュニケーションの部分ですよね。デザインもそうだし、言葉もそうだし。少し間違えると、変なことになってしまうテーマなので、かなりデリケートに考えていきました。

空間にもこだわって、会場は近山さんと一緒に、「緑がある店がいいよね」「あったかい感じの雰囲気で」とか話しながら、イメージ絵を作っていったんです。それがまさにRANDYみたいな店で、「こんな感じになったらいいのに」というのが現実のものになった。屋根の蔦の感じまでイメージどおりでした（笑）。

近山　小国さんはじめ、僕らは「間違ってもいい社会を作りたい」という思いだけでドライブしてきましたが、やっぱりサスティナブルなもの、長く続けていかないと意味がない。でも実際問題、これからも僕らが主催し続けていくことは、お金も体力も全然足りないわけです。1円も儲かってないですし（笑）。

だから、それよりはメディアを通じてもっともっと広がって「うちでもやってみたい！」という人が出てきてほしいんです。そういう人にノウハウはプレゼントするし、ロゴも大切にしてくれるのなら使ってもらえる状況にしたいと僕は思っています。

徳野　実際、このイベントの数日後には町田市のイベントで大手カフェチェーン店が、「注文をまちがえるカフェ」として出店しました。カフェということで黒板を使ってスペースデザインをして、ロゴも少し、アレンジしました。

近山　てへぺろのロゴは、広がっていくことを見越して作っているんです。日本人だけじゃなくて世界中の人が見て、メッセージが伝わる。英文をさりげなく入れたのも、僕ら的には世界展開も見据えているからです。

このイベントは本当に小国さんの強い思いがグッと詰まっているので、最初から相当遠くまで飛ばせるなという感じはありました。そして、やっぱり自分がやる以上は、世界中の人に「なんだこれ!?」っていってもらえるものにしたい。やっぱり、思いのある人が集まれば広がっていくんですよ。認知症って誰もが関わる問題なので、こういう思いが広がっていけば、すごい楽しいじゃないですか。だからこそ、その第一歩をどういう形で作って見せるかというのは、僕らにとってすごく重要なことだったんです。

column

02

認知症というのは、すでに世界中の人の視野に入っていたテーマだったから、この料理店が爆発的に広まったんだと思います。

デジタル発信チーム

岡田 聡

(Yahoo! JAPAN)

6月のプレオープンから参加。実行委員会の〝頭脳〟。ヤフーのメディア事業における編集責任者でそうとう偉い人だと思うのだが、そんな感じを微塵も見せないフットワークの軽い「現場の人」。

＊

小国さんとはもともと仕事上でもつながりがありまして、2016年秋頃でしょうか、「ちょっと相談事があるんだよね」と訪ねて来られたんです。話を聞いてみると、「注文をまちがえる料理店」のコンセプトや仕掛けは、当時、自分が考えていたことと、まさにリンクしていた。僕が実行委員会に加わったのは、そんな個人的な関心もあったんです。

僕が何を考えていたかというと、インターネットはオンラインで情報をたくさん流していますよね。でも、逆にオフラインからオンラインへ情報を戻していくことができるんじゃないかということなんです。

至近な例でいうと、今年の3月11日に銀座のソニービルにヤフージャパンが「津波がこの高さまで来ました」という大きな広告を出しました。ビルの壁面に作ったリアルな広告ですが、それを見た人が写真を撮ってSNSに流してくれて拡散し、大きな反響を呼びました。

これは、オフラインがオンラインに戻ったわかりやすい例で、一編集者としてはオンラインばかりではなく、こうした逆流も大切にしていかなくてはいけないと思っていたんです。

でも僕は、あくまで個人としての活動です。そのため、僕がしたのは企画をどう成立させるかといった意見を出すことがメイン。フェイスブックの立ち上げなどメディア面での助言などもしましたが、お店がオープンしてしまえば、お客様の案内係で、まぁ、バイトリーダーのようなものです（笑）。

オフラインからオンラインに戻ったのです

6月のプレオープンで「注文をまちがえる料理店」の情報が一気に広がったわけですが、これは、医療ジャーナリストの市川衛さんの「ヤフーニュース個人」の記事がきっかけでした。プレの前に市川さんと偶然お会いしたので、お声かけしたら、当日、来てくださって、すぐに記事にしてくださったんです。

当時はまだ、「注文をまちがえる料理店」という検索ワードがありませんでした。どこにも情報がないときに市川さんの記事がアップされたので、常に検索結果の1位に出るわけです。情報を探していた人がすぐに見つけられて、当日の様子をくわしく知ることができた。異例といってもいいほど、あの記事は検索とSNS経由でたくさんの人に読んでいただきました。

まさに、オフラインから生まれ、オンラインに戻ってきて、ソーシャルで火がついたわけです。さらに、海外からも大きな反響があったので、ヤフージャパン上の英語で発信できるページにも市川さんの原稿を翻訳してアップしました。ヤフーのメディアセクションの編集責任者としても、ユーザーが知りたい情報を、ヤフーから提供できたのは、よかったなと思います。

この料理店がソーシャルで広まった理由は、いい取り組みだからだとは思います。

ただ、爆発的に広まっていくものというのは、けっして誰も気づいていない新しいことではないんです。みんな、すでに気にしていて、不安に思っていたりすることを、誰かが「これ!こうするとどう?」と掲げると、周りからいっせいに声があがる。認知症というのは、まさに、世界中の多くの人の視野に入っていたテーマだったんだと思います。

あともう一つ。この料理店が注目を集めた理由として欠かせないのがデザインの力ですよね。とにかくこの料理店は、デザインが仕切っているところが特徴的です。料理店のロゴマークのデザインのメッセージ性、企画のデザインはもちろんですが、それだけではありません。

たとえば、今回、プレに比べて、すごくスムーズに大きな混乱もなく進んだのは、これはやっぱりRANDYさんの店舗が飲食店のためにデザインされているからです。

よくデザインされた場があることによって、普段気づいていない新しい可能性に気づき、課題解決力が上がる。こういう発想のしかたは、認知症の人たちの支援だけでなく、いろいろ使えるのではないでしょうか。

みんなの独自解釈で広がるといいですね

ヤフージャパンの社是は「課題解決エンジン」です。インターネットの力を使って、どうやって課題解決をしていくのか。課題発見じゃダメなんです。課題解決まで持っていくところまで具体的にリデザインすることが、これからのメディアには求められています。

その意味でも、この料理店にすごく共感をしますし、課題解決の一助になるようなデザインが今回、できたのではないかと思います。

ただ、いつも僕は、なんでもかんでも自分一人で解決しようというのは少しおこがましいと思っているんです。僕らがすべきことって、全部自分でやろうすることではなく、いろんな人にバトンを渡していくこと。基本的には「注文をまちがえる料理店」も、今回、海外の複数のメディアに取材してもらいました。この企画のデザインの種がいろんな世界中に散らばっていって、そこで独自解釈によってそこでやっていけばいい。発想のしかたをいろいろ変えていけば、可能性はさらに広がる。

まかれた種が、いろんなところに想像的な誤配をされ、どこかの誰かの行動を後押しする。何かが変わるというのは、この連続だと思います。

オフラインで生まれオンラインに戻り、オンラインからまたオフラインに戻っていく、この循環は社会に対してすごくいいんじゃないかなと思います。そういうとき、インターネットって、すごく役立つんですよね。

column

03

このプロジェクトは特定の人の共感ではなく、社会に共感されるテーマ。クラウドファンディングとの相性は、絶対にいいいと思いました。

クラウドファンディングチーム

夏川優梨

(Readyfor)

6月のプレオープンから参加。いつも前向きで、8月のクラウドファンディングの期間は「このプロジェクトは前例がないことばかり起きるから絶対にいけます!」とチームに勇気を与えて続けてくれた。

＊

Readyforは国内最大級のクラウドファンディングサービスで、弊社の場合、各プロジェクトに「キュレーター」と呼ばれる担当者が一人ついて、広報プラン作成やリターンの設計などを個別にアドバイスしていきます。

「注文をまちがえる料理店」については、弊社代表の米良はるかから話を聞いたのが、最初でした。

すぐに、「間違ったって、まあ、いいか」というコンセプトに対して、個人的にも「そうだよね！」って、強く共感したんです。

このプロジェクトは、ある特定の人たちの共感を呼ぶものではなく、社会により広く共感されるテーマで、クラウドファンディングとの相性は絶対にいいと思いました。

私がキュレーターとして関わることになったのは、2016年秋頃でしょうか、最初のミーティングから参加させてもらったんです。

そのときはまだ、何も決まっていない状態で、そもそも常設店でやるのか、短期的なイベントとしてやるのかということから議論していたときでした。

その話し合いの中で、「まずは、プレでやってみないとね」ということになったんです。プレオープンのためにReadyforで資金を集めるということはありませんでしたが、その先の本番に向けて、どういう雰囲気になっていくのかを知るために、スタッフとして参加させてもらいました。

これだけ集まったのは本当にすごいこと

プレを無事に終えて、9月の3連休での開催は決まったのですが、会場がなかなか決まりませんでした。プロジェクトが実行できるか不確実なまま、クラウドファンディングのスタートはできません。お金が集まったのに、「やっぱりできませんでした」ということだけは避けたかったからです。

「注文をまちがえる料理店」はクラウドファン

ディングとの相性はいいとは思っていましたし、通常だと苦労するマスコミへの露出は、プレオープンの反響が大きく、PRにはそれほど苦労しませんでした。

ただ唯一、この時間的な制約が不安要素ではありました。社会貢献性の高いプロジェクトは、たくさんあります。でも、「こういうことをやりたい！」という思いに共感してもらって、最初の立ち上げからクラウドファンディングで資金を集めるというケースは、実はけっこう少ないんです。

継続してやってきた活動のほうが、これまでの実績があるので、何をどうやると、どんな成果が出るのかが想像しやすく、応援もしやすい。

でも、一からはじまるプロジェクトの場合は、その目的や意図、思いが浸透して広がり、さらに理解してもらって、かつ、そこにお金を出すというアクションまでつなげるとなると、やはり十分な時間が欲しいと思っていました。

しかも、今回の目標金額は800万円です。以前、目標金額1000万円のプロジェクトを担当したことがありますが、そのときは、募集期間を80日間もとっていました。

でも、最終的に24日間で約1200万円が集まりました。

これは、本当にすごいことなんです。大口の協賛もとても多かったのですが、ヤフーの記事を見て、「ただただプロジェクトに共感して応援したい！」という気持ちで支援してくださった個人の方がたくさんいらっしゃったのも、この「注文をまちがえる料理店」の特徴のように思います。

「次も応援したいな」が一番大事です

開店当日、クラウドファウンディングのリターンとして来店される方が多かったので、個人情報保護のこともあり、私が受付を担当することになりました。受付ブースで見ていると、来店したお客様に対して実行委員の方々が、明るく挨拶をされ、とてもていねいに接してらっしゃるんですね。

また、弊社サービスにある、支援してくださったときにいただく「応援コメント」に対しても、実行委員会の事務局の方が、本当に一つひとつコメントを返してくださっていました。

クラウドファンディングって、お金を出して終わりという一時的なものではないんです。

支援をしてくださった方に対し、資金の使い道を報告し、リターンを確実に行なうのは当然のこととして、その関わりの中で、「次も応援したいな」と思ってもらえることが、とても大切になっていきます。

今回のように「実際に支援者が参加する」という参加型のプロジェクトの場合、1対1でのコミュニケーションがさらに必要になり、それがものすごく大変なんです。しかも、大きな金額を集めると、そのぶん、対応する支援者さんも多くなります。

でも、この実行委員のみなさんは、このプロジェクトを育てていきたい、もっと世の中に広げていきたいという思いをもっていたので、最初から最後まで支援者とのコミュニケーションをすごくていねいに重ねてくれました。

Ｒｅａｄｙｆｏｒのミッションは、「誰もがやりたいことを実現できる世の中をつくる」というものです。

それは、この「注文をまちがえる料理店」のコンセプトとつながるものです。「これからも応援したい」「またやってもらいたい」と思ってもらえて、さらにこの先につながる形で、本番3日間を終えることができたのは、とてもよかったと思っています。

注文を
まちがえる
料理店
THE RESTAURANT OF ORDER MISTAKES

の
レシピ
01

*

料理店はオシャレに

オイシイ料理を
そろえる

間違えることを
目的にしない

*

02

1日目

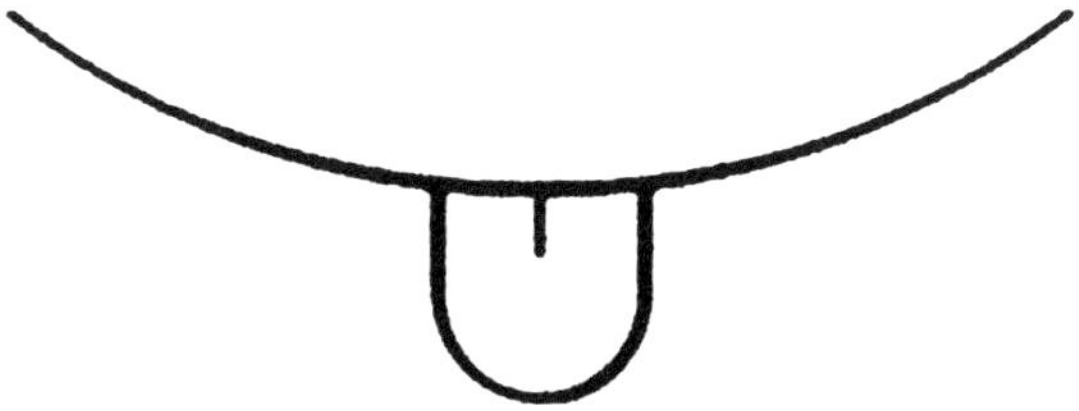

2017年9月16日

注文をまちがえる料理店・初日

9:00 a.m.

懐かしい面々がほら、やって来てくれた。

9月16日、土曜日。天気は、曇り。

正直、よく眠れませんでした。うつらうつら眠ったような気もしますが、朝5時にはもうぱっちり目が覚めてしまって、どうやっても眠れません。

6月のプレオープンのときもそうでした。本番が近づけば近づくほど怖くなってくるんです。「あぁ、こんなこと企画しなきゃよかったな」と思う。やっぱり何が起こるかわかりませんから、不安で不安でしかたがなくなってくるんです。

「認知症の人を笑いものにするつもりなのか?」「間違えると思って期待していたのに、つまらなかった」……。戸惑うお客様の様子や、右往左往してつらそうに注文を取るおばあさん。そんなネガティブな映像がぐるぐると頭を巡るのです。

でも、そんなときは、あのときの和田さんのグループホームで見た風景を思い出すと、ふっと楽になります。ハンバーグと餃子を間違えながらも、ほのぼのとお料理を作り、おいしそうに食べていたおじいさん、おばあさんの姿です。

心を整え、RANDYに着くと、もう準備作業は始まっています。すぐ目に飛び込んできたのは、真っ白なスタッフTシャツ。胸のところに小さくプリントされた、てへぺろのロゴ。手書きの味わいを生かした特別なロゴです。着替えるとほっこりと包み込まれる感じがあって、緊張もほどけていきます。

ほどなく、1台のワゴン車がお店の前にとまりました。降りてきたのは、懐かしい面々。6月のプレオープンのときにも参加してくれたテツさんと史彦さんです。

「おひさしぶりです！　ノリノリじゃないですか！」

そう声をかけると「おうっ！」と史彦さんがひとこと。

僕のことを覚えているのか、覚えていないのか、よくわかりませんし、きょうここに来た理由もどこまで把握されているのかもわかりません。

それでも、ひさしぶりの再会にテンションが一気に上がります。

今回、「注文をまちがえる料理店」に参加してくれる、認知症の状態にある方々は20人。前回の3倍以上の人数です。はじめましての方のほうが多いので、ドキドキしますが……。エプロンに着替えるみなさんの顔を見ていると、ま、大丈夫かなと思えてきます。

20人のうちわけは、9人が和田さんの施設に入居していたり、通われている方。残りの11人は、介護業界のカリスマ的な存在で、和田さんの仲間でもある飯塚裕久さん（ケアワーク弥生取締役）の施設、さらに飯塚さんが主宰する、介護のビジネススクールのメンバーの施設から参加してくれることになりました。

人選は、和田さんと飯塚さんチームに全面的にお任せしました。

- 歩行に問題がない
- ものを持って運べる腕力がある

・排泄に問題がない
・本人に働きたいという意思がある
といったあたりを基準にして、
・会話を楽しむことができる
・過去に接客の仕事を経験したことがある
という点なども含めて、総合的に判断して選んでくれました。

こう書きあげると、どれも当たり前の条件のように思うのですが、認知症の状態にある方々の普段の生活をきちんと見ていて、個々の能力を本当に見極めていないと、選ぶのは非常に難しいといいます。一歩間違えれば、大変な事故が起きる可能性だってあるのですから、人選にはプロの視点が絶対に必要になります。

お料理やコーヒーをお客様にこぼしたら……それは笑ってすませられる問題ではありません。「間違えやミスを受け入れてもらえるかもしれない」ということに僕たちが甘えてしまった瞬間に、料理店はなんでもありの状態に陥り、あっという間に料理店の体をなさなくなると思います。

逆説的ですが、「注文をまちがえる料理店」という名前の料理店だからこそ、間違えない努力をどこまで重ねられるかが大切なのです。

ホールの中では、着替えをすませたおじいさん、おばあさんたちに、福祉の専門職であるサポートスタッフが「オペレーションシート」を使って、段取りの確認を始めています。


「ドリンクを運ぶときには、コースターも忘れないでくださいね」

「いやあ、できるかしら」

「そんなことやったことないし……」

ちょっぴり不安な様子のおばあさんたちでしたが、「お二人の活躍を見に来ましたので！」といわれると「あら、そう？」と、まんざらでもないご様子。


そして、三川泰子さんと一夫さんご夫婦も到着です。

さっそく、ピアノの音を確認。

「いい音ね」

泰子さんがそういってくれて、ほっとしました。

10:00 a.m.

当日席の販売が始まりました。

今回は3日間の開催で、全部で288席を用意し、クラウドファンディングで支援をしてくれた方を対象に260席、当日分で28席を割り当てることにしました。260席分は事前予約制で、みなさん来店される時間は決まっています。

一方の当日席については、開店の1時間前の午前10時から先着順で販売することにしていたのですが……この日の分はわずか1分で売り切れてしまいました。

お客様の対応を一手に担う受付チーム。
認知症の状態にあるホールスタッフをサポートする福祉チーム。
お料理やドリンクを作る、クッキングチーム。
各チームが、オペレーションの最終チェックを行ないます。

そして、開店15分前。

メンバー全員が集まり、朝礼を行ないます。

「発起人としてみなさんに気合いを入れてください！」と促されたので、一言だけ伝えました。

「きょうはお年寄りも赤ちゃんも、障がいのある方もない方も、認知症のある方もない方も、いろいろな方が集まると思うんですけど、誰もがここにいてもいいな、気持ちいいなっていう雰囲気をみんなで一緒に作っていければ一番いいかなって思います。本当に各分野のプロが集まって、最高の環境が整ったと思いますので、楽しんでやっていきましょう」

そして、和田さんが気合いを入れようぜといって、突然「一本締め」を始めました。

「よーおっ、ぱんっ！」

つられてやっちゃったけどさ、一本締めって普通はすべてが終わってからやるよね……と誰かがボソッと突っ込むと、ホール中に笑い声があふれました。

みんなの緊張はすっかり吹き飛んだようです。
さあ、いよいよ「注文をまちがえる料理店」が開店します！

9時15分過ぎ。ホールスタッフのみなさんが集まり始めます。
店内ではテーブルセッティングなど準備が続きます。

入り口でお客様を出迎える受付チーム。
スムーズな誘導をめざして、動き方を確認します。

注文を
まちがえる
料理店

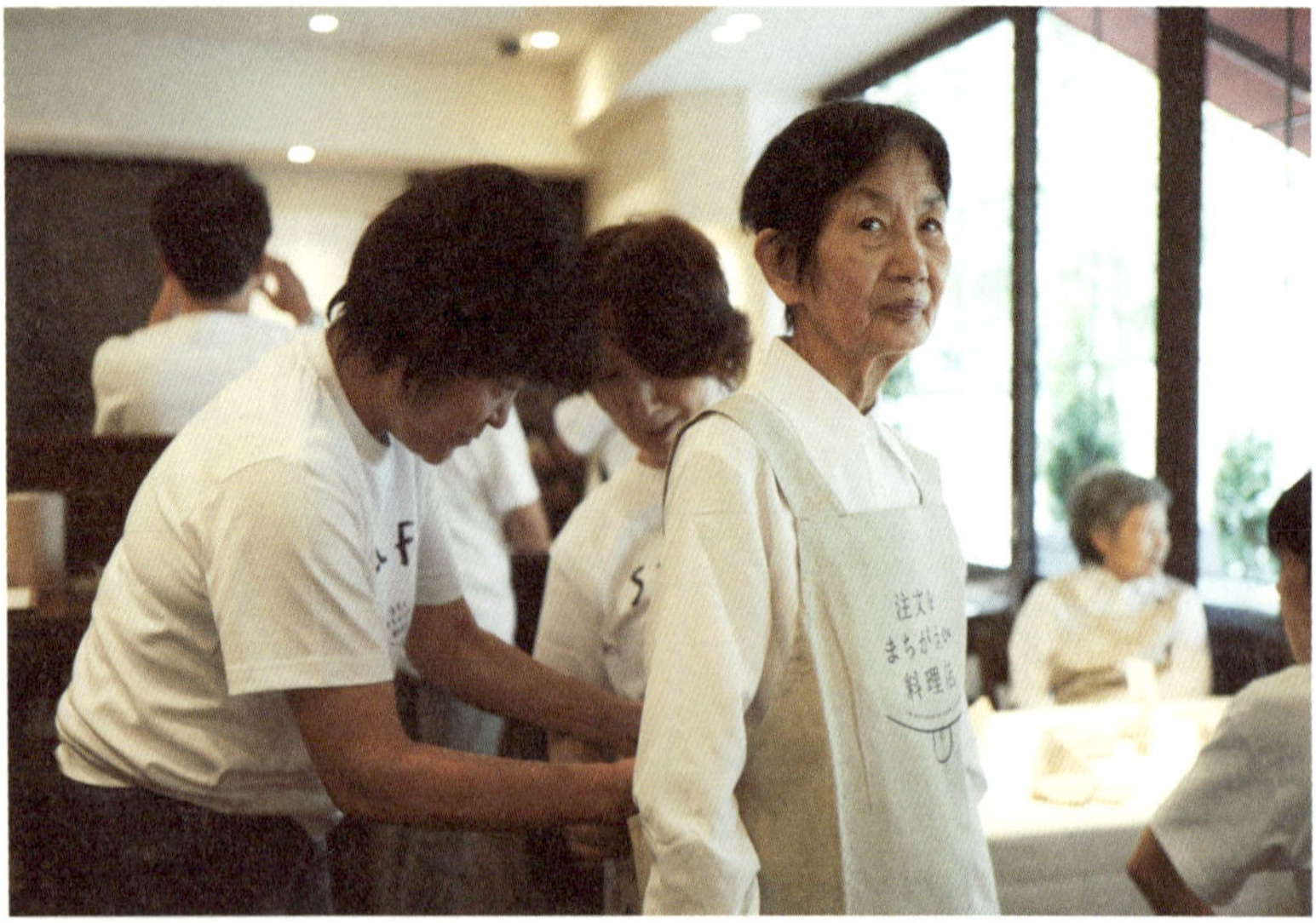

9時40分過ぎ。店内のセッティングもほぼ完成。
ホールスッフを支える福祉サポートチームも、
店内の動線などを綿密に確認します。

staff

注文を
まちがえる
料理店
注文を
まちがえる
料理店

ホールスタッフのみなさんに、食器の位置や引き上げるタイミングを、
ビジュアル入りのマニュアルで説明します。
初日だけに、みなさん、やや緊張気味です。

Staff
Staff

10時過ぎ。朝礼が始まります。まずは著者の挨拶で始まり、
そのあとなぜか、実行委員長の一本締め。これでいい空気が生まれました。

11:00 a.m.

初日、最初のお客様に、みんなで、挨拶をする。

「いらっしゃいませ！」

最初のお客様が入店されました。入り口にみんなで勢ぞろいして、ご挨拶です。

今回の料理店は、1コマ90分の総入れ替え制。1コマのお客様は24名とし、1日4コマ×3日の12コマで、合計288名をお迎えします。

お客様の席は事前に決めてあります。

受付で、店内に6つあるテーブルのいずれかの番号を伝えられたお客様は、ホールスタッフに案内されて席に着く段取りになっていたのですが……。

「えーとっ、4番テーブルは……どこかしらねぇ」

「あ、こっちみたいですね」

「あ、本当ね。よかった、よかった。どうぞごゆっくり。うふふ」

グッジョブ！　お客様。

そのあとも、お客様との〝共同作業〟が続きます。

ウェルカムドリンクとメインの料理の注文を取るときは、やっぱりオーダー票をお客様に渡して書いてもらっています。うん、今回もこのパターンねっ！

そして、ドリンクを持っていくときは、ドリンクがのったお盆を持ちながら「こわい、こわい」を連発する秀子さん。ようやくテーブルに着くと、「ちょっと置かせてね」とお盆ごと置いてしまいます。そして、「あなたはなんでしたっけね？」とお客様に問いかけて、お客様が自分で「これです！」と注文したドリンクをピックアップしていきます。

さらに、サラダを出すときも。

6月のプレオープンのときも大人気だった巨大なミルの登場です。これをガリガリ回して、胡椒をサラダにかけるという演出だったのですが。「これ持ってくださる？」と秀子さん。「はい！」とお客様がミルの下を支えて、お皿の上のベストなポジションにセット。「いくわよ〜」とミルを回そうとするのですが、なかなか回らず。「……これ、回してくださる?」と最後はお客様が自ら回しています。「なかなか力がいりますね」と男性のお客様。いや、なんか、すいません……。

メインの料理が出てくるまでに、これだけの共同作業があるのですから、大変な料理店です。普通のレストランならば、絶対にダメだろということばかりですが、「注文をまちがえる料理店」ではこの〝関わりあい〟が大切なのです。

サービスする側とサービスされる側という形でしっかりと線引きしてしまうと、この料理店は成り立ちません。認知症の状態にある方がホールスタッフをつとめるわけですから、できないことはたくさんあります。もちろんそのために福祉の専門職のサポートスタッフがしっかり張り付いています。日々接している顔なじみの介護施設の職員が、「疲れていないかな?」「混乱していないかな?」「不安になっていないかな?」と認知症の状態にあるホールスタッフの動きに常に目を配り、必要に応じて適切なフォローを入れていきます。ただ、それはあくまでも福祉的な観点からのサポートが中心ですし、料理店をきちんとまわしていくために最低限必要なことをしているにすぎません。

僕は演劇やミュージカルを観るのが好きで、ときどき足を運ぶのですが、「注文をまちがえる料理店」を見ていると、その〝舞台〟と似ているなぁと思ったりします。舞台の雰囲気というのは、役者さんだけが頑張ればいいというのではなくて、観客の力が非常に大きく影響します。役者さんの演技に観客が応え、観客の後押しによって役者さんの演技に異様なまでの熱が帯びる……そういった響きあいが舞台の魅力です。

「注文をまちがえる料理店」もまさに同じなのです。サービスをする側とされる側という一線を越え、一緒になって作業をしていく中で、その場にじんわりとあったかい、ぬくもりのある独特な熱が生まれてくると思うのです。

だから、僕たちは自然な形で共同作業が生まれるように、ホールスタッフとお客様との接点の回数をできる限り増やすようオペレーションを設計してみました。

たとえば、

■お迎えの挨拶をする
■席まで案内する
■お水を出す&メニューを渡す
■注文を取る①（ウェルカムドリンクとメイン料理）

■ドリンクを出す
■サラダを出す（サラダは3種類のメイン料理共通の前菜としました）
■胡椒をミルでかける
■メイン料理を出す
■食べ終わったお皿を下げる
■注文を取る②（食後のデザートとドリンク）
■デザートを出す
■ドリンクを出す
■お見送りをする

といった感じです。

注文を2回取りにいくようにしたり、ミルを使った胡椒かけの演出は、まさに〝関わりあい〟を増やすためのもの。そして、料理店の中を見渡すと、この〝関わりあい〟がとても功を奏しているようでした。

11:30 a.m.

さて、今回の料理はどれも、この3日間のために用意されたオリジナル料理です。タンドリーチキンバーガーは、RANDY。タンドリーチキンはディナーで大人気だそうで、それを今回初めてバーガースタイルにアレンジしたそうです。ピリッとスパイシーなチキンの辛味にフレッシュ野菜とレモンマヨネーズのさっぱり感がたまりません。

汁なし担々麺は、一風堂。担々麺を汁なしにしたのは、「配膳のときに火傷しないように」という配慮から。そして、フォークでパスタのように食べるという斬新なアイデアは、RANDYに下見に来たときに「お店の雰囲気に合わせて、洋風にしてみよう!」と商品開発担当の坂下大樹さんが思いついたそうです。ジャスミンライスを添えて、麺を食べ終わった後、お皿に余った担々麺のソースとからめると……リゾット風の料理に早変わり。一粒で二度おいしいこのお料理。前日に、お店で試作してみたところ、エアコンの風で、ジャスミンライスが乾くのがはやいなと気づくと、すぐに油を入れてご飯を炊いてつやを出したり、チーズのコクを足してパスタっぽさを磨いたり。プロの技が随所に、さりげなくこめられた一品です。

オムライスは、グリル満天星。ぷりぷりの小海老とホタテに加えて、8種類の野菜が入ったピラフをふわとろの卵でつつみます。ピラフは、前日に特製のスープで炊き込んだものを使います。そしてなんといってもつくりだめができないのが、オムライス。オーダーが入ってから一つひとつオムレツをやいていきます。そして、ことこと煮込んだドゥミグラスソースをかけて完成。はふはふしながら食べるオムライスは、シェフのこだわりがつまった優しい味わいです。

さらに、食後のデザートとドリンクもすごい。

てへぺろ焼は、虎屋。しっとり感がたまらない求肥を混ぜた生地で、やわらかいこし餡を包んだお菓子です。若い人もお年を召した方でも食べやすいやわらかさを意識したという、さすがの心配り。そして、なんといっても、てへぺろのロゴをかたどった焼印です。今回の「注文をまちがえる料理店」で出すために特別に作った焼印を、職人さんが一つひとつ、手で押していきます。

コーヒーは、カフェ・カンパニー。自ら豆の買い付けから焙煎まで行なうコーヒーのプロフェッショナル、和田剛さんが今回選んだのは、コロンビアの秘境インサという地で採れる特別な豆。3種類のメイン料理の後味を、デザートの味を邪魔することなく、コーヒーそれ自体の味も十分に楽しめるよう、オーダーを受けてから和田さん自身が最高の一杯を注ぎます。

清涼飲料は、サントリー。6月のプレオープンから1か月ほど経ったころ、執行役員の沖中直人さんと知り合う機会を得ました。もともと沖中さん自身も認知症に対する関心が高く、すぐに意気投合。ジュース類、お茶といった清涼飲料は「いくらでも出します！」と全面協力してくれることになりました。

6月のプレオープンが終わってから、「やりましょう！」と手を挙げてくれた1社1社とていねいに意見を重ねてきた結果、飲食のプロフェッショナル達が、いっさいの妥協のない、ここでしか味わえない最高の一品を提供してくれたのです。

（右）10時55分。入り口でホールスタッフ、福祉サポートチーム全員でお客様を迎えます。（左）11時過ぎ。店内では、ホールスタッフが、福祉サポートチームに見守られながら、お客様から注文を取り始めます。

注文を
料理店

お米
切

12:10 p.m.

三川さん夫妻の演奏が、静かに、豊かに始まる。

1コマ目のお客様が、デザートまで終わったようです。

ホールをぐるりと見渡せるところに立って、認知症の状態にあるホールスタッフと福祉の専門職によるサポートチームの全体の動きをコントロールする、いわば〝司令塔〟の役割を担っていた和田行男さんが合図を出しました。


三川泰子さん、一夫さんご夫婦による演奏が始まります。


二人はお客様の前に立って一礼すると、一夫さんが静かな口調で話し始めます。

妻とのなれそめのこと。

趣味でチェロを弾いていた自分だったが、結婚するならピアノを弾ける人がいいなと思っていたら、ぴったりの人がいると紹介されて知り合ったのが泰子さんだった。

泰子さんとの日々のこと。

泰子さんはピアノ教室の先生。細々と二人でホームコンサートを重ね、とても幸せな日々だった。

それが4年前、突然泰子さんが認知症と診断された。

まだ50代での発症だった。泰子さんは楽譜が読めなくなり、鍵盤の位置がわからなくなってしまった。

一番大切だった音楽が奪われ、泰子さんはうつ状態になってしまった。

再び音楽が救ってくれたこと。

若年性認知症の会「ちいたび会」と出会い、少しずつ変わっていった。

一度、演奏をさせてもらった。たった二十数小節だが弾くことができて、本当にうれしかった。

その後、和田さんが統括マネジャーをする福祉施設で、泰子さんが職員として、短時間働かせてもらえることになった。

そして、その縁で6月の「注文をまちがえる料理店」でピアノを弾くことができた。

今回が人前で弾く3回目になる。

ホップ、ステップときて、今回がジャンプになるんじゃないかと思う。

泰子さんはずいぶんと明るくなった。

毎日、毎日、職場に行っているとき以外はずっとピアノを弾いて練習していた。

それでも、間違えると思う。つっかえって演奏が止まってしまうかもしれない。

がんばって弾くので聴いてください。


曲は、6月のプレオープンのときと同じ、「アヴェ・マリア」でした。

一夫さんのチェロの旋律が奏でられると、泰子さんのピアノが静かに重なっていきます。

24人のお客様とすべてのスタッフの目が、二人の演奏に注がれます。

6月のプレオープンのときも何度も弾いてもらい、聴かせてもらった曲です。

しかし、きょうは同じ曲ではないように感じました。

泰子さんが、まったく間違えないのです。

すばらしく美しい音楽が料理店を包み込み、そのまま演奏は終わりました。

一瞬の静寂のあと、大きな拍手がわき起こりました。

演奏を終えた泰子さんと一夫さんが僕のほうへと近づいてきます。

一夫さんが「すごいでしょ？　間違えなかったでしょ」と嬉しそうに話しかけてくれます。そして、泰子さんが「本当に感謝しています。私、こうやって弾けるなんて思ってもいなかったから……」と6月のときと同じように何度も何度もお礼を言ってくれます。

僕は、嬉しくって嬉しくって、何度も泰子さんの肩をたたきながら「すごいです、すごいです」と繰り返すばかりでした。

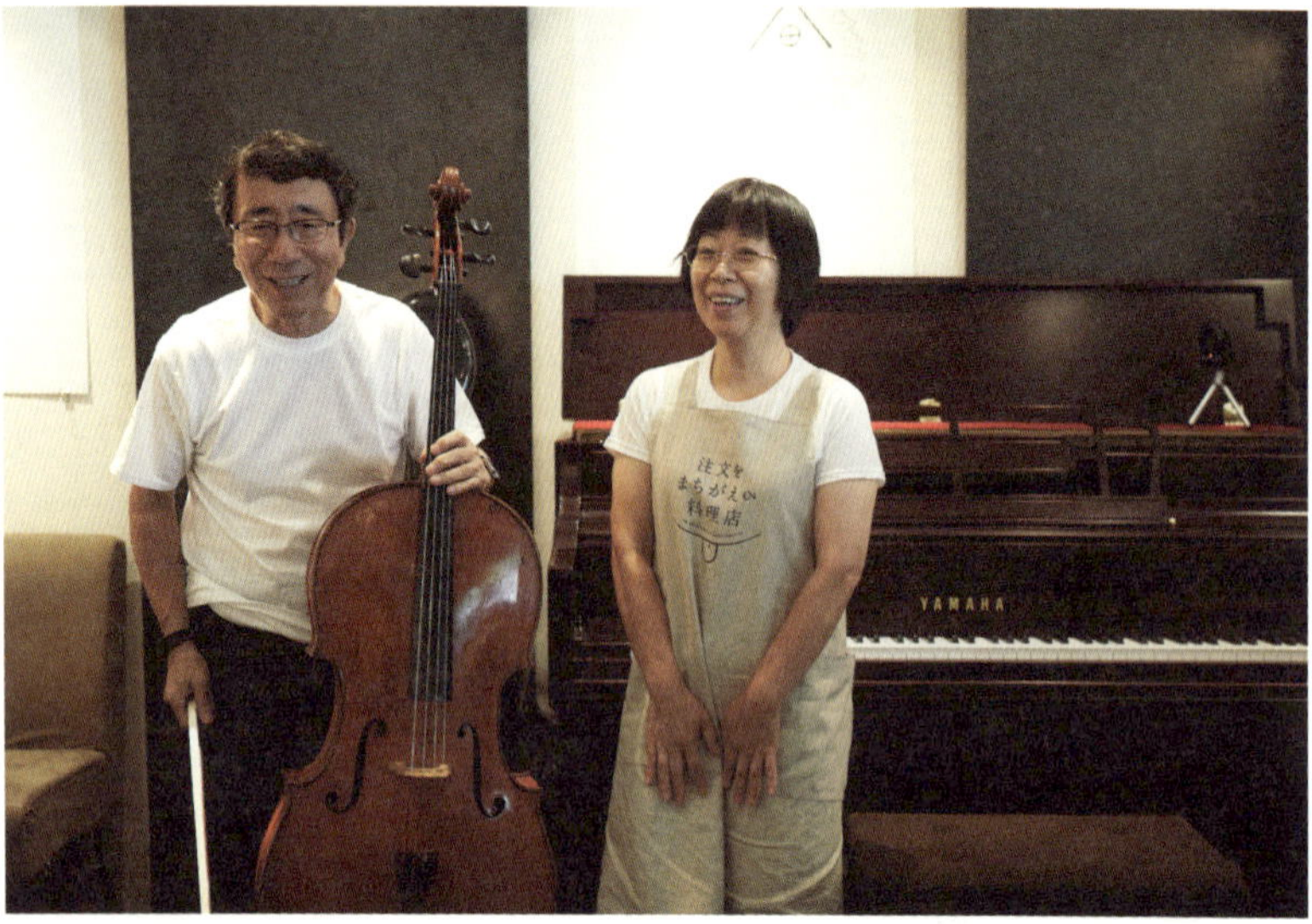

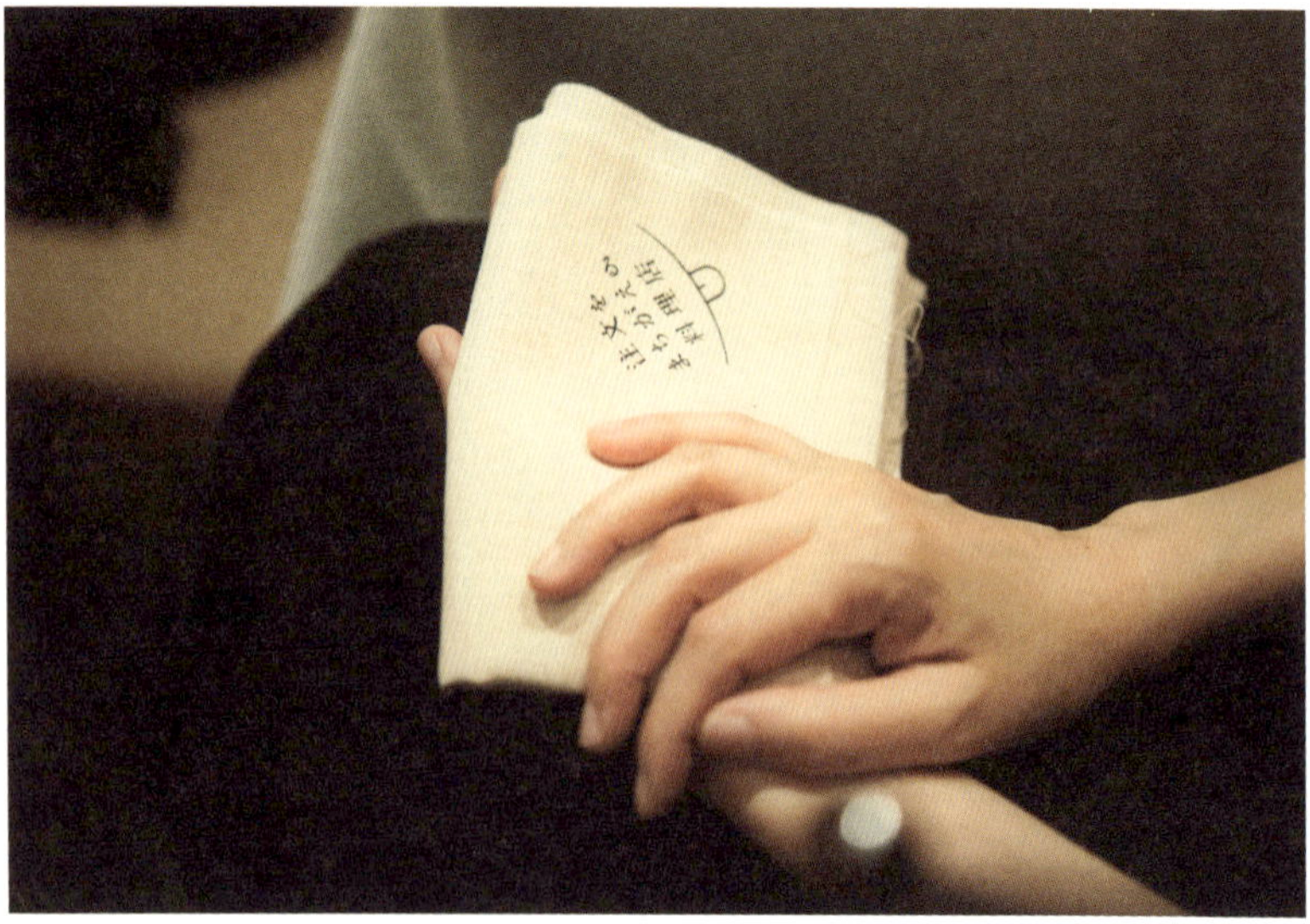

（右）12時過ぎ。デザートが届き終わり、三川夫妻による演奏が始まります。
みなさん、静かに耳を澄ませています。
（左）12時30分過ぎ。福祉サポートチームとホールスタッフが、
みなさんを笑わせながら、第１回目の終わりの挨拶を始めます。

staff

2:30 p.m.

さまざまなお客様のさまざまな「理由」。

今回の「注文をまちがえる料理店」には、さまざまなお客様がお越しになります。


こんなお客様がいらっしゃいました。

若いご夫婦だったのですが、「3連休の初日だし、二人で楽しくランチでもっていうくらいの軽い気持ち」で来たというのです。

この感じ、たまらなくいいですね。

ことさら意味を感じて来るのではなく、休日に六本木でランチデートくらいの感じで来てくれる。最高です。


せっかく認知症の〝に〟の字も使わずに、「注文をまちがえる料理店」という名前にしているんです。せっかくチャーミングなロゴにしているんです。せっかくおしゃれな店内に、おいしい料理を用意しているんです。せっかくさまざまな分野のプロフェッショナルが集まって、最高のクオリティの料理店をめざしているんです。

だったら。

やっぱりデート気分のカップルに選ばれるような場所でありたいじゃないですか。

他にたくさん楽しいことはたくさんあるのに、休日にあえてここに行ってみようかっていわれる場所になりたいじゃないですか。

3:00 p.m.

料理店の外で受付スタッフが何やら集まっていました。

何か問題でも起きたかなと行ってみると、一人のご婦人がいらっしゃいました。

スタッフに話を聞いてみると「きのうの朝刊で『注文をまちがえる料理店』が紹介されているのを読んで、当日席を求めていらっしゃった」というのです。

しかし、きょうの当日席は発売後1分で売り切れてしまいました。受付スタッフの説明を聞きながら、「あぁ、残念ですね」とつぶやくご婦人。そのやり取りを遠目から見ていたのですが、なんとなく気になって、話しかけてみました。

「もう当日席は売れてしまったんですってね」

「申し訳ありません。即完売でした。またあした来ていただければ、あしたの分はありますけど……」

とここで、ご婦人が一拍の間をおいて、意を決したように話し始めました。

「実は、私にとって2年ぶりの外食になるんです」

「え……どういうことですか?」

「2年前に主人を亡くしまして。それ以来、外でごはんを食べる気持ちにいっさいなれなくて、ずっとふさぎ込んでいる状態でした」

「でも、きのうの朝刊でこちらの料理店の記事を読んだ瞬間、ここに行ってみたいと思ったんです。だから、私にとって2年ぶりの外食になるんです」

あぁ、そうだったんだ。僕は受付スタッフのところに行き、あしたの空き状況を確認しました。

そして、簡単に事情を話し、一席分、どうしても予約を入れたいことを伝えました。

ご婦人の名前は丸岡さんといいました。

丸岡さんに「あしたの午後2時の回に予約を入れられるけど、いらっしゃれますか？」と聞くと、「いいのでしょうか？」と困惑した表情を浮かべた後に、「ありがとうございます」とおっしゃいました。

こうして僕たちはあした、とても大切なお客様を迎えることになったのです。

4

注文をまちがえる料理店
注文をまちがえる料理店

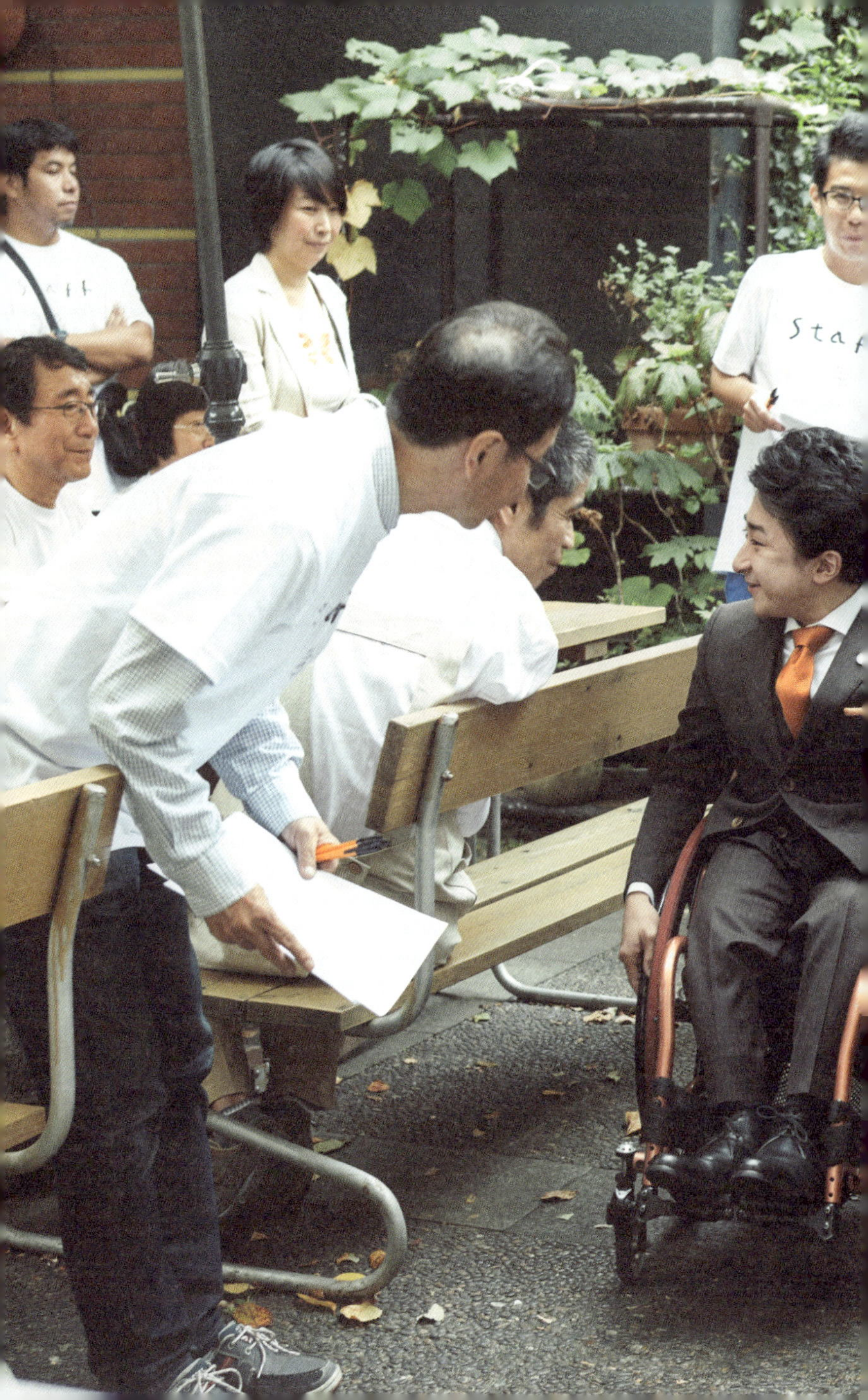
Staf

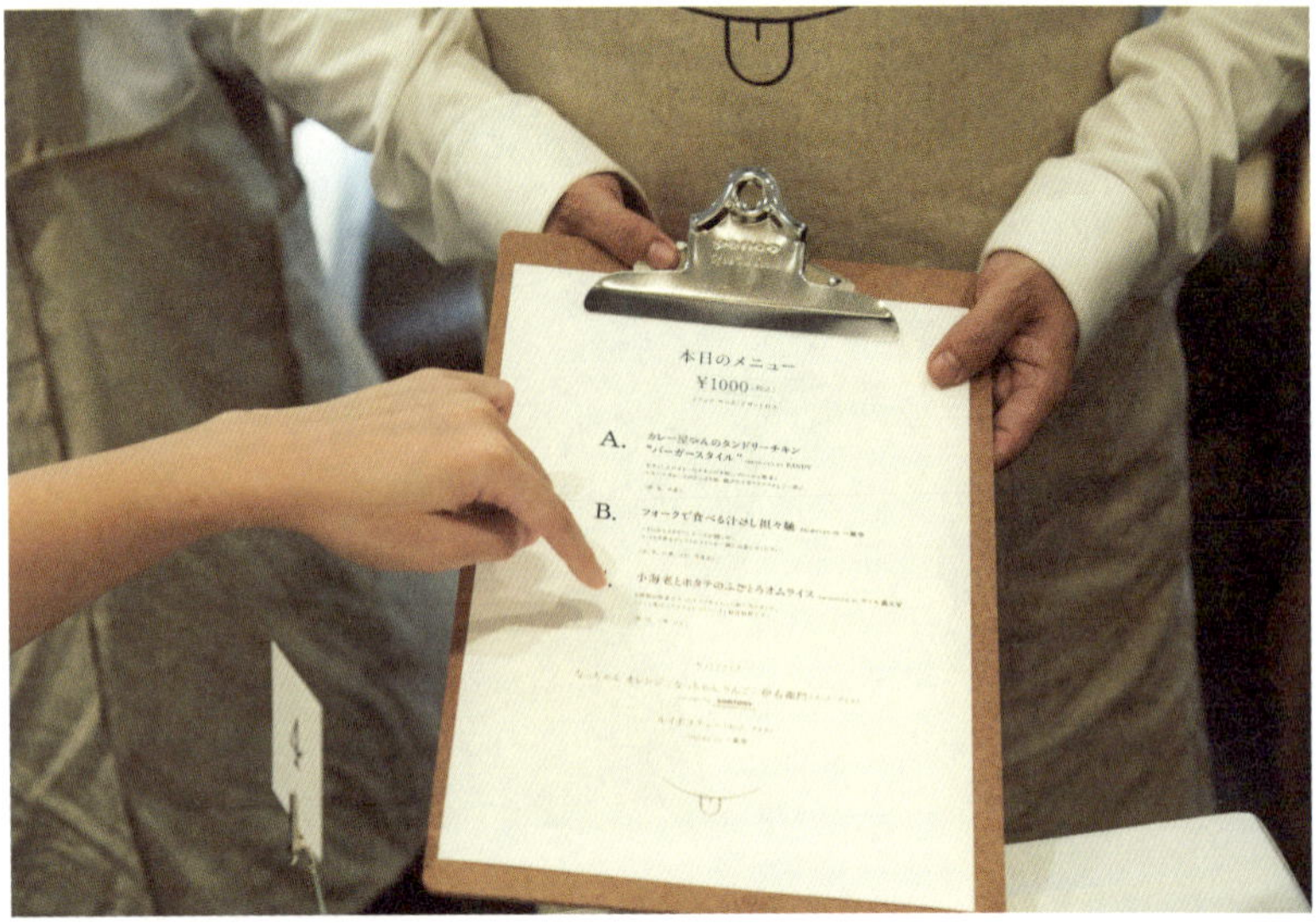
本日のメニュー
¥1000
A.
カレー屋さんのタンドリーチキン
"バーガースタイル"
B.
フォークで食べる汁なし担々麺
小海老とホタテのふわとろオムライス

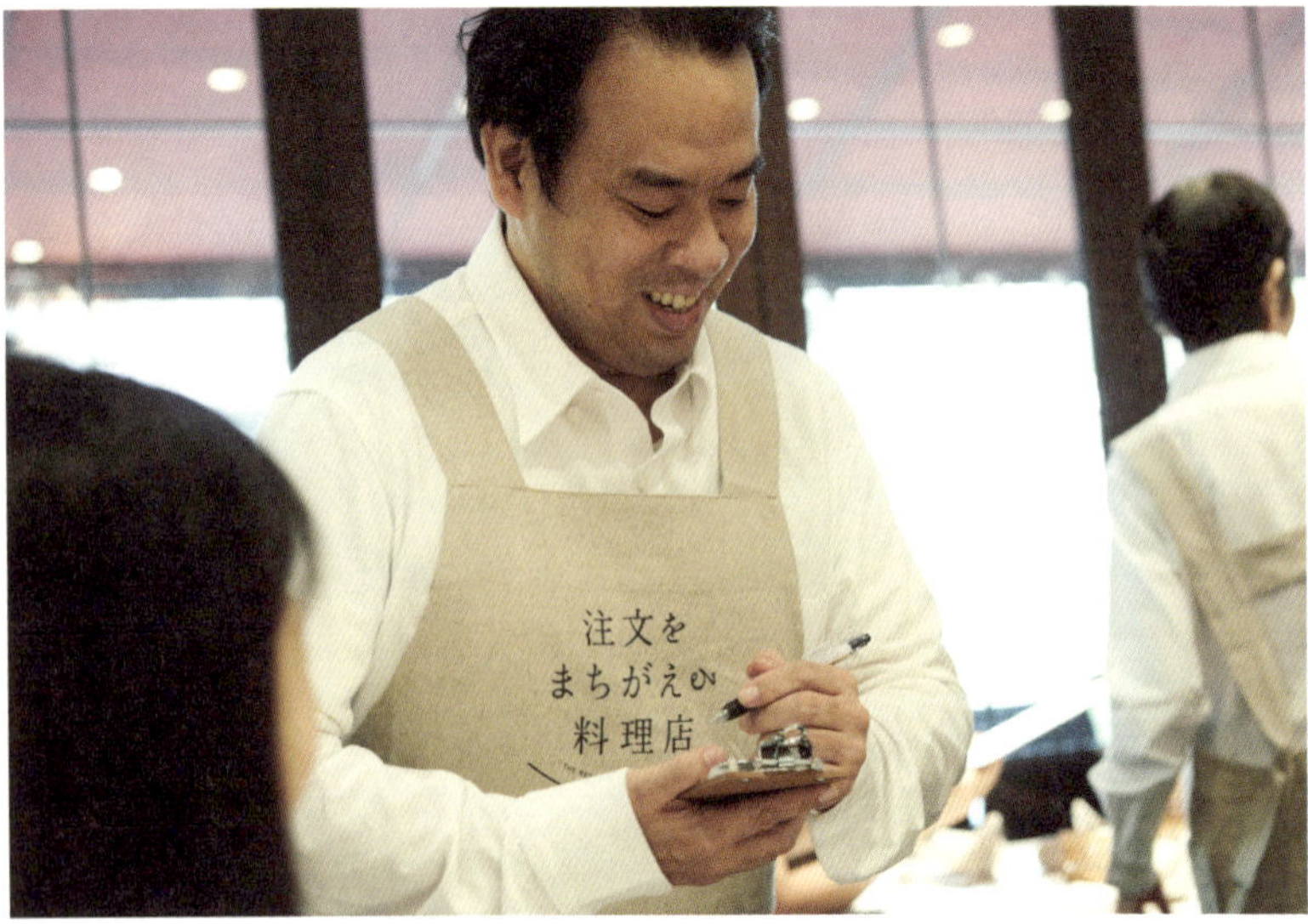
注文を
まちがえる
料理店

注文を
ちがえ
理店

5:00 p.m.

初日の最後の4コマ目、無事に終わりへ近づく。

さあ、初日の4コマ目が無事に終わりそうです。

ぼんやりと料理店の中を見ていたときに、ふっと思ったことがありました。

今回は、間違いが少ないいな。

1コマ目から見ていて、ずっとひっかかっていたんです。

違和感というか、何か変な感じがしたんです。

来店してくれた方全員にお願いしているアンケートを確認してみると、やっぱりそうです。

「食事中に注文の間違いやミスはありましたか?」という質問に対して「あった」と答えている人は30%でした。6月のプレオープンのときは60%でしたから、半減です。

違和感の正体はこれかぁと思いました。

やっぱり6月のプレオープンのときは、カオスでしたからね。

それはそれでお客様が楽しんでくれたのでよかったのですが、僕たちの中にそれでいいんだっけ? という思いは残りました。さんざん「間違えることは目的ではない! 間違えない準備を!」なんて息まいていたけど、結局理念ばっかり先行して、本当に突き詰めてその準備できてたんだっけ? と疑問がわいてきたんです。

オペレーションをひとつひとつ見直していくと、やはり僕たちのオペレーションにはたくさん穴がありました。間違い発生率60%には理由があったんです。

だから、今回のオペレーションは、和田さん、飯塚さん、大起エンゼルヘルプの小林社長たちを中心とした「福祉サポートチーム」と、RANDYの小手川由佳店長やカフェ・カンパニーの和田剛さんを中心とする「クッキングチーム」が一緒になって、ゼロベースで考えていくことにしました。

たとえば、事前予約制にして、定員総入れ替え制にしたのは大きな変更点でした。前回はお客様がばらばらと入店するスタイルだったので、認知症の状態にあるホールスタッフがテーブル番号とお客様とを一致させるのが難しく、大きな混乱が生じていました。

また、一コマを前回の60分から今回は90分に変え、全員が焦らずゆったりと働けるオペレーションを組むことにしました。

さらに、ホールスタッフをサポートする福祉の専門職の方の人数や立ち位置も検討し直した上で、オペレーションの確認をＲＡＮＤＹで何度か行ない、今度こそ、これでもかというくらいの準備を重ねました。


その結果が、間違い発生率30％につながりました。

それでも間違いが起きるところが、この料理店のすごいところですが、そこはご愛敬というものですよね。てへぺろっ！

6:00 p.m.

初日の営業が終わり、片づけが進む中、お店の中では大切な時間が始まります。

「注文をまちがえる料理店」では、認知症の状態にあるホールスタッフの方々に、謝礼金をお渡しすることにしています。


この時間が、僕はとても好きです。

働く、そしてお金をもらう。

当たり前のことですが、その当たり前のことが難しい。いまの日本では、認知症の状態にあって就労されている方は、きわめて数が少ないのが実態だからです。

はにかみながら謝礼金を受け取るその姿を見ながら、「本当にお疲れさまでした」と思います。そして、その1秒後には「あしたもよろしくお願いしますね！」と鬼のようなことを思うのでした。

6:30 p.m.

福祉サポートチームとクッキングチームの一部が残って、あしたの打ち合わせが始まります。まずは事故もなく無事に終えられたことをたたえあったあと、すぐに課題を出し合いました。

課題と感じられたのは主に2点でした。

■オペレーションが効率的すぎる
■サポートスタッフの数が多すぎる

この2つの課題の根っこは同じで、全員が「料理店として成立させること」に注力しすぎた結果起きたことでした。

1コマ90分のうち、いつまでにメインの料理を出して、60分過ぎに始まる三川さんの演奏までにデザートを出し終えてもらって、80分過ぎにはお客様をお見送りして、次のコマのお客様が入ってくるまでの10分間でテーブルなどをセッティング……。

認知症の状態にある方と一緒に料理店を成立させるというのは、福祉サポートチームにとっても、クッキングチームにとっても経験がないことです。だから、時間に追われてしまうのはしかたがないこと。でも、何か違うよね……とみんなが感じていました。

実際、お客様のアンケートを読んでいても、「スタッフの方が先回りしてお皿を片づけたりしていた」「スタッフの方が多かった。もっとおばあさんたちとお話をしたかった」という記述が目立ちました。

反省です。

でも、これが「注文をまちがえる料理店」をやるうえで一番難しく、頭を悩ませることなのです。料理店としては当たり前の効率性を追い求めすぎると、「高齢者が働く普通の料理店」になる可能性があります。そして、認知症の状態にあっても自分の意志で自由に動き回ってほしいと願い、その方向に突き進むと、下手をすると無秩序なレストランとなりかねない。最悪の場合は事故が起きたり、僕たちが絶対に譲れない料理店としてのクオリティが担保されなくなるリスクだってあります。

この〝せめぎあい〟に苦しむのです。
そして、答えは簡単に見つかるものではありません。

料理店の環境、認知症の状態にあるホールスタッフの状態、サポートスタッフの技量、クッキングチームの認知症への理解度、お客様の反応などなど。たくさんの要素が複雑に絡み合い、ぎりぎりのバランスの上で「注文をまちがえる料理店」は成り立っています。

1時間ほど話し合って、
■時間はきちんとキープしていく。サポートスタッフは前に出すぎず、ぐっと耐える。
■ホールスタッフがやらなければいけない作業をコンパクトにまとめて、できるかぎり彼らが自由に動ける時間帯をつくり出す。
■新たに生まれた時間を活用して、お客様とのコミュニケーションの量がさらに増えるよう仕掛けていく。
ということが決まりました。

7:30p.m.

あしたに向けて、もうひとつ大きな心配事がありました。
あしたは朝から大型の台風18号が日本列島を縦断し、東京も直撃するのではといわれていたのです。

1日中、スマホで天気予報をチェックしていたのですが、うーん、これは来るな……。半ば覚悟を決めながらも、やっぱりあきらめきれなくて、デザインチームにお願いして、てるてる坊主を作ってもらうことにしました。

よーく、顔を見ると。
「てへぺろ坊主」になっています。
効果あるのでしょうか……。

注文を
まちがえる
料理店
注文を
まちがえる
料理店

注文を

注文を

注文を

注文を
まちがえる
料理店

注文を
まちがえる
料理店
OPEN!

18時30分過ぎ。これで本日、すべて終わりました。ホールスタッフの
みなさんに、きょうの「お礼」を渡します。福祉サポートチームと
クッキングチームはさっそく1日目の反省会、検討会に入ります。

注文を
まちがえる
料理店
staff

column
04

今後、この料理店がどうなるのか、
それは、まだわかりません。
でも、コンセプトは派生しながら
続いていくべきものだと思います。

クッキングチーム
三宅伸幸
（グリル満天星）

9月の「注文をまちがえる料理店」への協力をいち早く表明。今回料理店に提供してくれたグリル満天星のオムライスは、実行委員のメンバーの中にもファンが多い一品。

＊

プロジェクトの企画意図はもちろんですが、ロゴを含めその世界観、実行委員のみなさんの雰囲気がすばらしいと思っていました。ただ、6月のプレのときは予定が合わず、今回、念願かなって参加させていただきました。

そこで「満天星として何を出すのか？」というときに、私は最初、ハンバーグがいいんじゃないかと思っていたんです。ハンバーグなら途中まで焼き置いて、オーダーが入ったときに最後の仕上げの加熱をすればいい。そんなに時間がかからずにご提供できます。でも、「やっぱり、満天星ならオムライスだよ」っていう声をたくさんいただいたんです。

うちのオムライスのごはんは、通常、オーダーを受けてから、前日に炊き込んだごはんをバターとケチャップで煽《あお》っています。これについては、あらかじめ10人分くらい煽って炊飯器に入れて保温しておくという方法でなんとかなる。でも、最終作業のオムレツは作り置きができないんです。

オーダーが入るたびに、ひとつひとつ焼かなくてはいけない。でも、料理部長の竹内英幸が、「満席でも24名様ですよね？　仮にすべてのお客様がオムライスをご所望になったとしても、やれます！」って、いってくれたんです。「ありがとう。だったら、よろしく頼む」と。

彼はフレンチ出身のベテランで、65歳です。3日間、フライパンを振り続け、疲れてないかとか心配で、何度か様子を見に行ったのですが、疲れるどころか、むしろ、楽しんでいました（笑）。このプロジェクトチームの若さや明るさに刺激を受けて、竹内の気持ちも若返っているんじゃないでしょうか。

今後、この「注文をまちがえる料理店」がどうなるのかはわかりません。でも、この料理店が掲げたコンセプトは派生しながら続いていくべきものです。

グリル満天星としてできる形を探さないといけないし、やれることはやっていきたいと思っています。

column

05

食の力が、こうした取り組みに使われるのは、とてもうれしい。おいしいごはんを食べられて、みんなが和むって、最高ですね。

調理担当の三上貴司さん（左）、荒川勝利さん（右）と。（撮影・植本一子）

クッキングチーム

坂下大樹

（一風堂）

清宮俊之社長から「裏方でもなんでも、お手伝いできることがあればやりますよ」という言葉を頂き、メニュー開発をお願い。そして、「フォークで食べる汁なし担々麺」が生まれ、ルイボスティも提供してくれた。

＊

今回、一風堂からご提供した「フォークで食べる汁なし担々麺」は、完全オリジナルメニューです。イベントへの出店でお出ししたことがある担々麺をベースに、RANDYさんのお店の雰囲気に合わせて、洋風にアレンジしました。

汁なしのスタイルにしたのは、普通のラーメンのようにスープがあると、配膳するのが大変で、やけどなどのリスクもありますから、それを避けるためというのがひとつ。

あとは、「汁なし担々麺」なら火の口は一つあれば十分なんです。3社でひとつの厨房を使うわけですから、極力火の口を使わず、みなさんにご迷惑にならずにできるものということで、汁なし担々麺というアイデアが僕の中にスッと入ってきたんです。

一風堂というとラーメンのイメージが強いかもしれません。でも、パスタのようにフォークとスプーンで召し上がっていただき、最後、クミンやターメリックを入れたジャスミンライスを「追い飯」として、余ったソースに入れてリゾットのようにして食べる。味わいの変化も楽しめる一品になったと思います。

一風堂はイベントへの出店も多いので、商品開発担当の僕がメニューを考案してレシピにまとめ、店舗運営のメンバーが調理をして提供するというシステムができあがっています。なので、今回、参加させていただくことが決まったあとも、話は早かったです。

食の力がこうした取り組みに使われるのは、とてもうれしいことです。おいしいごはんが食べられて、その空間にいるみんなが和むって、最高じゃないですか。一風堂としてご協力させていただけて、本当に光栄です。

でも、厨房でもいっていたんですけど、全然、注文を間違えないんですよね（笑）。

だから、わざと汁多めに入れて、汁あり担々麺にしちゃおうかなんていってたんです。そしたら、「厨房がまちがえる料理店」になっちゃいますよね（笑）。

column

06

クッキングチーム

小手川由佳

(RANDY)

迷惑をかけなければ「まあ、いいか」はあり。むしろそういってもらえる雰囲気を、普段から私たちが作らないとダメなんだと思いました。

「NO」というのを聞いたことがない。いつも柔軟な対応をしてくれる名店長。9月の「注文をまちがえる料理店」では、キッチンとホールをつなぐ役割を担当。

＊

「注文をまちがえる料理店」のことは、フェイスブックで見て「すごいな」と思っていたんです。その直後にお話をいただき、プレのときの動画を拝見して……、もう、泣いてしまって。

オーナーもヤバいくらい泣いたそうで（笑）、「これはやるべきだね」と即決。「ぜひ、やらせてください」「お店は好きなように使ってください」と、お返事したんです。

お料理のほうは、最初、サンドイッチかサラダのようなものというリクエストがあり、サラダは3社共通で提供することになったので、サンドイッチに決定。RANDYらしさというところから考えたのが「カレー屋さんのタンドリーチキン　バーガースタイル」でした。

タンドリーチキンはディナーの人気メニューです。イベントのときに一度、サンドイッチにして、とても好評だったので、今回はバーガースタイルでご提供することにしました。

うちのキッチンはとても狭いんですが、そこに3社が入って調理をするという経験は初めて。料理以外の他のスタッフのみなさんも、普段関わることのない業種の方も多く、たくさんの刺激をいただきました。

そして、おばあちゃんたち！　最初、緊張して戸惑っていたおばあちゃんたちが、最終日には積極的にお客様とお話しされて。そのもてなし方が半端じゃないんですよね。

私たちも普段、間違えてしまうことはたくさんあります。そして、いつも許していただいて、とてもありがたく思っています。でもそれでもやっぱり、プロとして間違ってはいけないと思うし、立場が上になれば「しっかりやること」を指導しなくてはいけない。

でも、おばあちゃんたちを見ていて、お客様に迷惑をかけなければ、「まぁ、いいか」もありなんだなって。

むしろ、「まぁ、いいか」っていってもらえる雰囲気を、普段から私たちが作らないとダメなんだと思いました。あしたからの営業で、私たちももっと笑顔になれると思います。

column
07

この3日間、他の社員も様子を見に来たりしているんです。みんな、この料理店から吸収したいことがたくさんあるんだと思います。

クッキングチーム（デザート）

平野靖子

（虎屋）

プレオープンが終わった後、一通の手紙が届いた。送り主は、平野靖子さん。きれいな字で「嫉妬するほど素晴らしいプロジェクトでした」と書かれていた。この手紙がきっかけで、虎屋さんとのご縁が生まれた。

＊

私は虎屋で通常業務とは別に、老年心理学の先生に高齢者心理などを学び、接客や商品開発に生かそうという勉強させてもらっていました。

その勉強も終わり、寂しいなと思っていたときにプレオープンのときの記事を拝見したんです。なんて素敵なんだろうと思い、小国さんにお手紙を出したんです。

すると、すぐにお返事をいただいて、お会いすることになって。そこで、「よかったら虎屋さんも参加しませんか」とお声をかけていただいたんです。

社長の黒川からは事前に「いいと思うことがあれば、その場で判断していい」といわれておりましたので、私も「ぜひ」と即答することができました。

ただ、虎屋として何をご提供するかは考えました。和菓子には和菓子の魅力があります。でも、今回大切なのは虎屋らしさより、「注文をまちがえる料理店」ということが伝わることです。そうであれば、この素敵なロゴで焼印を作ったらどうかとなったんです。

何のお菓子にするかも悩みました。結局、お若い方も年配の方もお召しあがりやすいほうがいいだろうということで、柔らかめの生地で、あんも軟らかい、期間限定のお菓子のレシピを採用して、てへぺろ焼ができたんです。

私はもともとこういうことに関心を持つような感度の高い人間ではなく、会社から勉強させてもらって興味が沸き、面白いと思えるようになりました。会社のおかげです。

虎屋は「高齢者に優しい企業の実現」を中期経営計画に掲げて、さまざまな取り組みを行なっています。

私の情熱というよりは、むしろ、会社から私が情熱をもらったんです。

実はこの3日間、他の社員も「注文をまちがえる料理店」の様子を見に来たりしているんです。みんな、この料理店から吸収したいことがたくさんあるんだと思います。

注文をまちがえる料理店
THE RESTAURANT OF ORDER MISTAKES

の
レシピ
02

*

ホールスタッフの人選は
福祉の専門家に任せる

総入れ替え制、1コマ90分の
ゆったり設計がおススメ

お客様との“共同作業”がグッド

料理店の運営は、効率的すぎず、
自由すぎない。

*

03

2日目

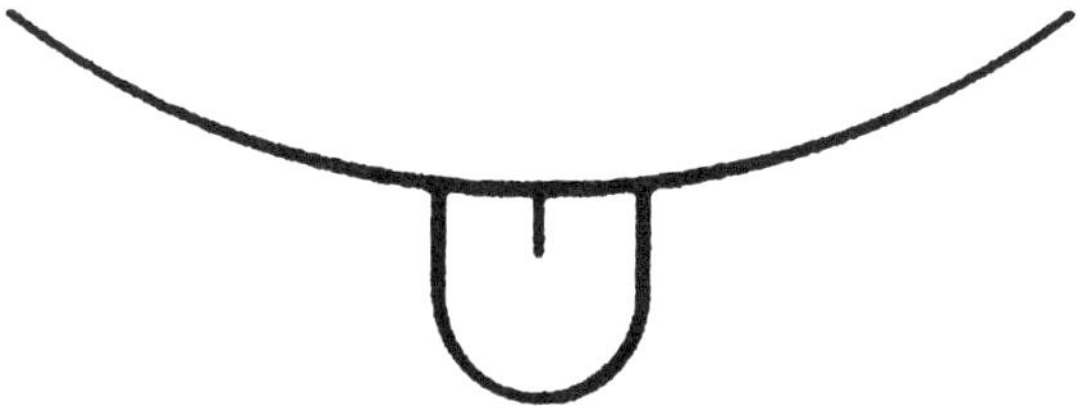

2017年9月17日
注文をまちがえる料理店・中日

9:00 a.m.

大雨の中、大阪から、お客様がやって来た。

9月17日、日曜日。天気は……雨。というか、大雨。

和田行男さんが、きのう「台風は俺のせいや。俺って雨男とかじゃないから。嵐を呼ぶ男なんで」と笑ってましたけど、こういうときくらい呼ばないでもらいたいなと思いますよね。


RANDYに着くと、大起エンゼルヘルプの小林由憲社長をリーダーとする受付チームが雨合羽を着て気合い十分。

お客様が待っている間、雨に濡れないように待機場所を作っています。そして、待機場所の椅子の湿り気を少しでも取ろうと、タオルでていねいに拭いています。

社長、ずぶ濡れですね。でもなんか、かっこいいっす。

台風の影響もあってか、やはり若干のキャンセルも出たようです。

まあ、しかたないよなと思っていたら、受付チームからすごい情報が。

「大阪から当日席を求めて来られた方がいらっしゃったんですよ」

「え、マジで？」

「昨日の夜に、夜行バスに乗って来たっておっしゃってました」

す、すごい。なんというバイタリティ。台風ですよ。暴風雨ですよ。


26歳の女性です。ちょっと話を聞いてみましょう。

「どうして夜行バスで来てくれたんですか？」

「もともと6月のプレオープンのときから知ってたんですけど、東京やし、どうしようかなっていうところがあって。でも、きのう、初日が終わったっていうのを聞いたら、やっぱりいても立ってもいられなくって、『やっぱり行こう！』って決心しまして。それが昼の3時頃で、夜の10時半には夜行バス乗っていました」

「す、すごいですね。そこまでの思いにかられたのは何か理由があるんですか？」

「プレオープンで、『間違えても、広い心で許したら、世界はよくなるかも』というコンセプトに心が揺さぶられたというか。ガツンときた印象があって。それ以来、この目で見たいっていう思いが離れなかったんです。認知症とかは全然関係なしに、自分が仕事をしていたり、普段の生活でミスがあったり、何か失敗したときに、すごいとがめられたり。あるいは誰かをとがめている人を見たりすることがすごく多くって。なんか、それ、いらんなーって、すごく思っていたんですよね。なんか、しんどいなーみたいな気持ちがあって。電車なんてちょっと遅れると、みんな怒らはりますし！」

「あの、ちなみにお仕事は？」

「あ、鉄道関係です」

「あ、やっぱり。思いこもっていましたもんね、最後のコメント（笑）」

「あの、きょう東京に着いたのが、朝7時前くらいで、めっちゃ並んでるかもしれへんって思って、当日席すぐ売り切れっていってたし、めっちゃ急いでこっちに来たんですけど。誰もいませんでした。スタッフの方も誰も（笑）」

「あ……すいません」

「ここで合ってるのかなって、めっちゃ不安になりながら。雨降ってるし、誰もいなし、しばらくカフェで時間つぶして、ドギマギしながら戻ってきても誰もいなくて。一番乗りでした（笑）」

11:00 a.m.

雨足は強まるばかり。

でも、おかげさまで当日席はきょうも即完売。

大阪から来た女性も無事に当日席をゲットできたようで、ホッとされています。

さあ、お客様をお迎えしましょう。


「いらっしゃいませ！」


きのうと、オペレーションが少し変わりました。

お客様自身が受付で知らされたテーブル番号に、自分で着席するスタイルに。

きのうはここで混乱があって、ホールスタッフと福祉サポートスタッフが入り乱れ、かなり時間を食っていました。その時間を圧縮して、ほかのところで時間をつめるようにしていく作戦です。

全員が着席したところで、福祉サポートチームのサブリーダーの福井幸成さん（大起エンゼルヘルプ入居者通所事業部　部長代理）が、ホールスタッフと一緒にお客様の前に立って挨拶をします。

「注文をまちがえる料理店へようこそ。ここは、ウェイターさん、ウェイトレスさんが認知症のレストラン〝れす〟。あっ、レストランです」

緊張しまくりだけど、茶目っ気たっぷりの福井さん。
ホールスタッフの方の名前を順番に紹介し、簡単に自己紹介をしてもらうよう促します。言葉に詰まってしまったときは、すかさず福井さんがフォロー。福井さんの〝ウェルカムトーク〟に、レストランの中の空気がどんどん和んでいくのがわかります。

これって、テーマパークのアレに似ているなと思いました。
「アドベンチャーワールドツアーズにようこそ！」
よくありますよね。アトラクションに乗る前に、お兄さん、お姉さんが超元気に説明してくれるアレです。

アレってすごいなぁって、常々思っていました。

人は突然、非日常空間に飛び込めっていわれても、なかなか難しいんですよね。

「アドベンチャーワールドっていわれても、ここ東京ですよね」みたいな、冷めた気持ちがどっかに残っている。


それを吹き飛ばして、「ここはアドベンチャーワールドなんだ」と思ってもらうには、プールに入る前に体に水をバシャバシャかけるのと同じように、しっかりとした準備が必要です。最初は聞いているのも気恥ずかしいハイテンションなお兄さん、お姉さんの説明も、数分もすればすっかり慣れて、「アドベンチャーワールド」にはやく行きたくてうずうずワクワクしている自分に気がつきます。


福井さんによる挨拶は、それにとっても似ていました。

3分ほどの挨拶が終わると、「注文をまちがえる料理店」という非日常空間に、お客様がすっかりなじんでいるように見えたのです。

ホールスタッフのみなさんが注文を取り始めます。

これまた、きのうと違うのが、サポートスタッフは壁際でじっと見守っています。

自由に動き回るホールスタッフと、それをサポートするのはお客様。

おっ、なんだかいい感じです。


中でもちょんまげヘアスタイルがトレードマークの勝子さんが絶好調。

4番テーブルに持っていくはずのハンバーガーを、3番テーブルに持っていってます。

「あ、間違えた。ごめんねぇ。どーもねー、またねー」

間違われたお客様も「全然いいです！ 待ってます」と超ポジティブ。


勝子さんは、間違えたことなんてどこ吹く風。

鼻歌交じりにテーブルからテーブルを渡り歩きます。

食後のデザートでてへぺろ焼を出すときには、「てへぺろ〜」と舌を出しながらノリノリでサーブしています。


勝子さんを中心にたくさんの会話と笑顔が生まれ、店内はめちゃくちゃ賑やかです。

でも、見守っていた福祉サポートスタッフによれば、勝子さんは施設ではしょっちゅうつまみ食いをしちゃうそうで、はたから見ていてひやひやしていたとのこと。

そんな心配おかまいなしで、「てへぺろ～」を連発している勝子さんは、またたく間に人気者。

お客様に囲まれ、記念写真をぱちりぱちり。

20代の若いカップルは「自分のおじいちゃん、おばあちゃんに会いたくなった！」といい、40代の男性は「普通のレストランより、エンターテインメントだ」と笑いが止まらないご様子。

かわいいちょんまげ姿のアイドル誕生です。

OPEN!

11時過ぎ。2日目はあいにくの雨模様ですが、
きょうもお客様でいっぱいです。
受付チームも元気にみなさまをお迎えします。

注文を
まちがえる
料理店
THE RESTAURANT OF ORDER MISTAKES
OPEN!

注文を
まちがえる
料理店

「いらっしゃいませ」。ホールスタッフのみなさん、
笑顔と緊張でお出迎えします。
みなさん、どうぞごゆっくりお楽しみください。

注文を
まちがえる
料理店

料理の注文は、お客様にオーダー票にマルと数字を書いてもらうスタイル。
しばらくすると、ちびっ子にも大人気のオムライスが運ばれてきます。

注文
まちが
料理

注文を

文を

1:00 p.m.

ひとりのスタッフから、笑顔が消えてしまった。

無事に1コマ目が終わりました。

ホールスタッフとお客様との会話も多く、見ていても本当に気持ちのいい空間でした。

しかし、もちろんすべてがうまくいっているわけではありません。

ついいましがた、ホールスタッフとして頑張っていたシズさんが、急に表情をこわばらせ、もうホールに立ちたくないといい始めました。

顔なじみの福祉サポートスタッフが話しかけても、「嫌だ、嫌だ」というばかりで、ついにはエプロンを脱いでしまいました。

聞けば、出番を終えて休憩しようと控室に行ったら、普段見慣れない人たち（ホールスタッフやサポートスタッフ）がたくさんいて、急に不安になったようです。そこから、「家の鍵が見つからない」となり、「店内にいるのはヤクザなのではないか」と思うようになったとのこと。


つい30分前までは、あんなに笑顔で立ってくれていたのに……。

でも、福祉サポートスタッフにいわせると、これは「普通のことだ」といいます。

お腹がすいたり、不安感があったり、天気が悪かったりすると、ちょっとしたことでも心をふさいでしまったり、混乱が強くなったりすることはあると。


シズさんはますます表情を硬くし、外へと出てしまいました。

大雨の中、街へ歩き出すシズさん。

そのそばにぴったりと寄り添いながら、サポートスタッフが一緒に歩きます。

順風満帆で、あまりにも雰囲気がいいので忘れかけていました。

僕たちは認知症の状態にある方と一緒に、いま、この場を作っているのです。

その後、シズさんはレストランに戻ってきたり、外に出たりを繰り返していました。

ホールに立つのは、もう無理そうです。

ただ、「帰ろうか?」とサポートスタッフが何度聞いても、首を絶対に縦にはふりません。レストランに戻ってくると、店の隅の椅子に座り、店内をじっと見つめているのです。

結局、閉店までずっと、レストランに出たり入ったりは続きました。

その間、サポートスタッフの方はずっと付き添っていました。


「これが普通のこと」

そうか、これも普通のこと、なんだよな。

2:00 p.m.

雨がますます強くなってきました。

3コマ目が始まろうとしています。

お客様の待機場所を見ると、少しうつむき加減の丸岡さんの姿がありました。

きのう、「夫が亡くなってから初めて外食したいと思えた」といって当日席を求めてきてくれた、あの丸岡さんです。

「いらっしゃいませ。お越しいただけてよかったです」と声をかけると、「あー、きのうの。ありがとうございます！」とぱっと明るい表情に。この雨です。せっかくの2年ぶりの外食なのに……と勝手に申し訳ない気持ちになっていたので、その笑顔を見てホッとひと安心です。

相席のお客様やホールスタッフのおばあさんと和やかに談笑し、料理も堪能している様子の丸岡さん。2年ぶりの外食を存分に楽しんでもらえているようです。

そして、この3コマ目は、僕にとって忘れられない1コマになりました。

食事とデザートが終わり、三川泰子さんと一夫さんの演奏が始まります。

きょうも順調にピアノを奏でる泰子さん。

しかし、最後の1小節、少しだけ音が引っかかりました。泰子さんが、その1小節を何回か繰り返します。つっかえながらも、最後まで弾き終わりました。

盛大な拍手。
そして今回も、涙を流されているお客様もたくさんいます。

しかし、泰子さんが席を立とうとしません。
あれ？　どうしたんだろう。

座ったまま、じっと鍵盤を見つめる泰子さん。
すると、再び頭から演奏を始めたのです。一夫さんもピアノにあわせて、チェロを弾きます。

しかし、また最後のところで引っかかります。
そして、しばらくの間を置いて、また泰子さんが頭から演奏を始めます。
一夫さんは黙って、チェロの音をあわせていきます。

料理店が、異様な空気に包まれていました。
僕は見ていて、のどがカラカラに乾いていました。
うまくいってくれ、うまくいってくれ……。

祈るような思いで泰子さんの最後の1小節を待ちます。

でも、やっぱり弾けません。

3回目。4回目。

数を重ねれば重ねるほど、疲れからか、最後の1小節にたどり着く前に演奏が止まってしまうようになりました。

鍵盤から指を離し、「だめだ……」と一夫さんのほうを向いてつぶやく泰子さん。

一夫さんが「どうする？　もう1回やる？」と聞きます。

唇をきゅっと結んで、泰子さんは5度目の演奏を始めました。

最後の1小節にさしかかりました。

一瞬、引っかかりそうになりながらも、完璧に弾き終えました。

「ブラボー!!!!」

歓声とともに割れんばかりの拍手、拍手、拍手です。

僕はこれまでずっとこらえていたのに、初めて泣きました。

6月のプレオープンからずっと「注文をまちがえる料理店」を撮り続けてくれている、カメラマンの森嶋夕貴さんも「涙が止まらなかった」といっていました。

僕も森嶋さんも、泰子さんの背中に圧倒されていたのです。

1小節の間違えが許せなかった泰子さんの背中は、怒りに震えているように見えました。

お客様の前で、完璧な演奏ができない自分自身が許せない。

それは泰子さんにとっては、一人のプロフェッショナルとして当然の姿勢でしかなく、認知症かどうかというのはもはや関係のない、自身の誇りをかけた演奏だったように思えたのです。


いや、そんなことはこちらの勝手な想像にすぎないのかもしれません。

泰子さんは「そんなこと思ってなかったわよ」と笑い飛ばすかもしれません。

それでも、僕は泰子さんの背中に心が震えたのです。


なかなか鳴りやまない拍手と歓声の中、料理店全体を見ている和田さんは、冷静に立ち回っていました。すでに時間は20分以上おしています。雨が降る中で、4コマ目のお客様が外で待っている状態です。

まず和田さんは「絶対にホールスタッフの婆さんたちを急《せ》かしてはいけない」とサポートスタッフに伝えていました。焦らせれば、料理店の空気が壊れてしまうだけでなく、ホール内に混乱が生まれ、事故が起きる可能性だってあります。

そして、お客様の入れ替えに時間をかけずにすむよう、ドリンク担当のカフェ・カンパニーの和田剛さんと連携しながら、福祉サポートチームやクッキングチームが裏で4コマ目の準備を進めるなど、次々に手を打っていました。

外では、受付チームがていねいにいまの状況を説明し、お客様の気持ちを柔らかくほぐし続けていました。

ここには、たくさんのプロフェッショナルがいる。

熱狂の歓声と冷静な指示が飛び交う空間で、僕はそう思うのでした。

料理店
Staff
Staff
注文を
まちがえる
料理店

5

4

注文を
まちがえ
料理店

注文を
まちがえる
料理店

6:30 p.m.

「料理店として最高のレベルをめざしたい」

台風の影響が心配されましたが、とくに大きな事故もなく、2日目も無事に終わりました。

きのうの課題もだいぶ解決されていたし、よし、きょうはさくっと帰ろうかなと思っていたら、ドリンク担当の和田剛さんに呼び止められました。

「僕はまだまだだいけると思っています」

和田さんは、はっきりとそういいました。

僕は耳を疑いました。

いや、十分いいところまできていますよね。

福祉サポートチームもぎりぎりまでこらえることで、認知症の状態にあるホールスタッフがお客様とがたくさんコミュニケーションを重ねていたし、最後の4コマ目も時間がおしてどうなるかと思ったけど、お客様も笑顔で帰っていったじゃないですか……。

でも、和田さんはまだまだ納得がいっていないといいます。

「1日目は段取り重視でしたよね。とにかく店をオープンさせないといけなかったし、事故もなくできた。でも、そこで満足じゃなくて、きょうは、よりクオリティにこだわりましたよね。段取りのために、この料理店が持つ価値やクオリティを犠牲にしちゃだめだよねと。で、それもうまくいったと思います」

「あとは何が足りないんですか?」

「あしたは、料理店として最高のレベルをめざしたいんです。僕は『注文をまちがえる料理店』は、料理店であることにこだわりたいんです。僕ら飲食の専門家が参加させてもらっている意義もそこにあるんだと思っています。たとえばテーブルの番号札。変な方向を向いていたら、お客様からすればおもてなしされている感じが減るかもしれない。僕はコーヒーを、オーダーを受けてから作り始めていますけど、コーヒーがお客様のもとに届くころには、一緒に楽しむはずのデザートのてへぺろ焼は食べ終わっていたりする。そういうズレをなくしていきたい」

和田さんは、自分が〝恋をした〟コーヒーの味を極めたくて、エル・サルバドルのバリスタ世界チャンピオンの元に武者修行に行きたいと社長に直訴し、豆の栽培から抽出まですべてを自身に本気で叩き込もうとするような男です。

「僕らからすれば3日間で12コマかもしれないけど、本当は1コマが12回で、料理店って一期一会だし、一回一回に全力を尽くすべきだと思うんです。これは認知症の方がいようといまいと、料理店としてめざすべき姿なので」

「あと4コマ。4コマしかないんですよ」

僕は和田さんの言葉のもつ熱にしびれていました。

「注文をまちがえる料理店」はあくまでも料理店なんだ。僕も100%そう思うし、実行委員会のメンバーとは何度もそのことは確認しあってきました。

でも、料理店であるということは、当たり前ですが、生半可なことじゃありませんでした。

あと4コマ。

その言葉の重みを胸に、家路につきます。

（左上）13時30分過ぎ。雨の中、
次のコマのお客様が店の前にはいっぱいです。
（左下）まだまだ元気なホールスタッフのみなさん。
お出迎えです。

注文を
まちがえる
料理店

この料理店では、お客様とホールスタッフが本当によく話をし、
笑いあいます。この日初めて会った相席のお客様どうしまで
仲良くなっていく不思議なお店です。

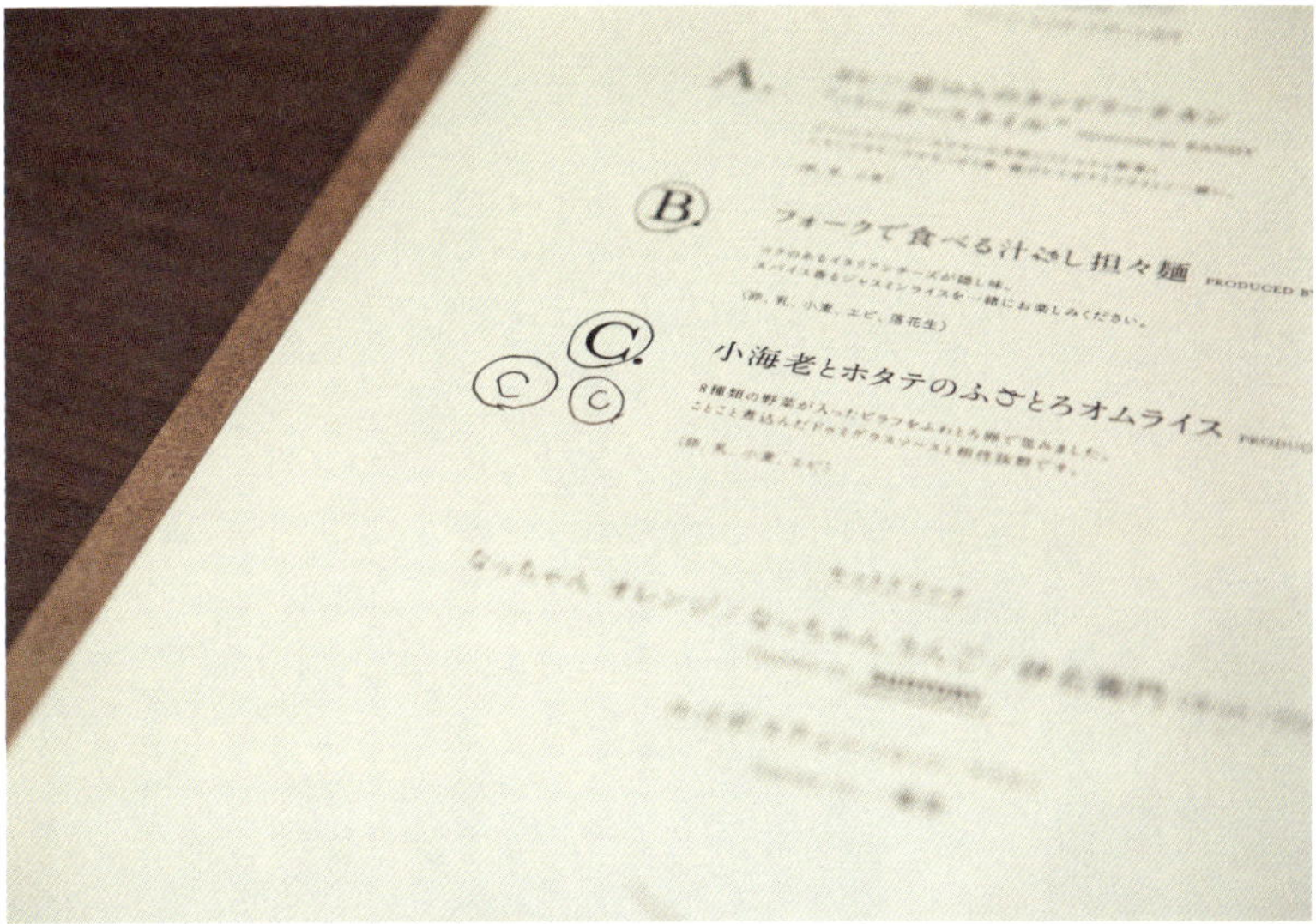

注文を
まちがえ

注文を
まちがえ
料理店

5

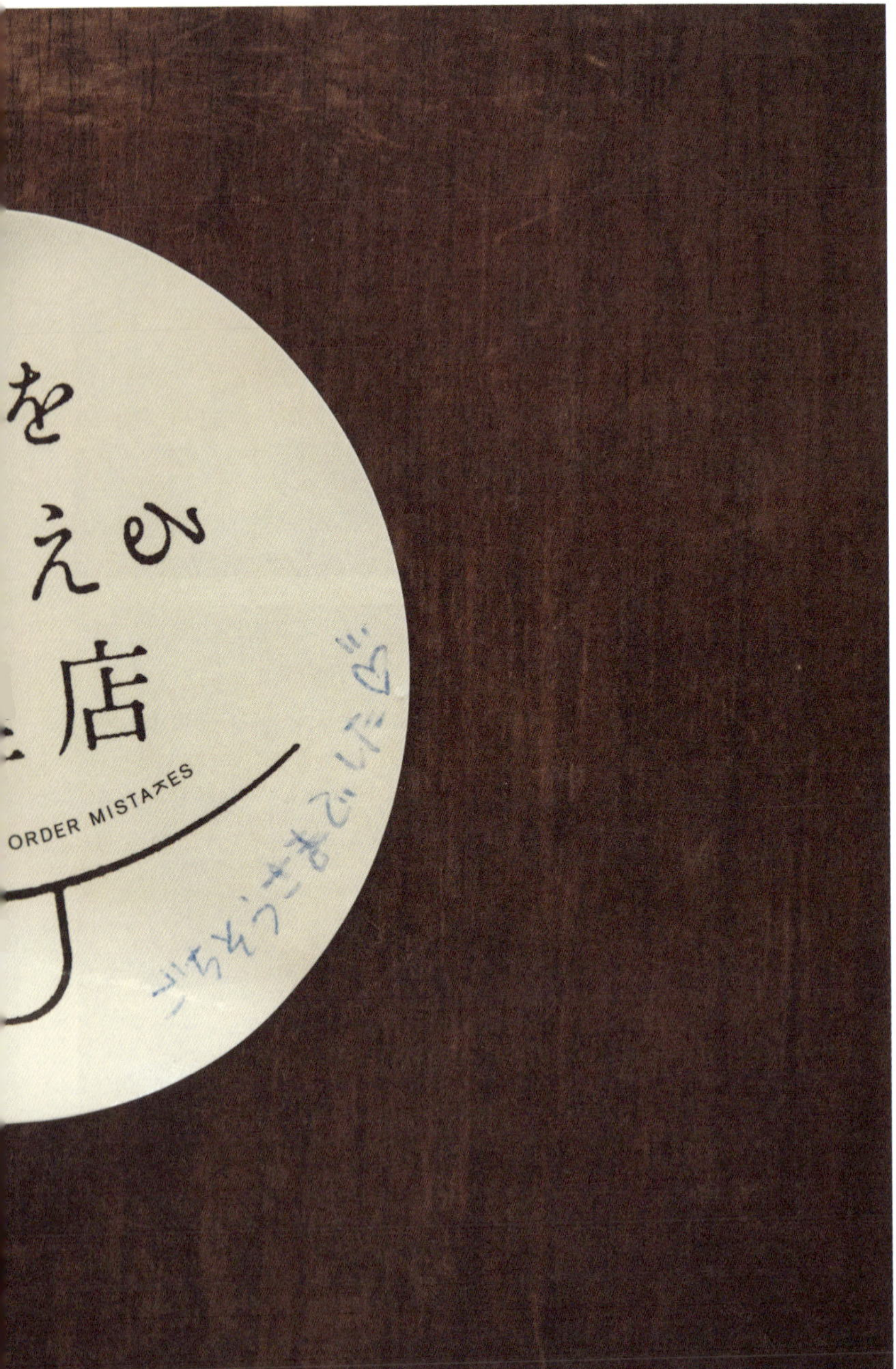
を
え
店
ORDER MISTAKES

注ち料
ま
THE RESTAU

注文を
まちがえる
料理店
OPEN!

注文を
まちがえる
料理店

2日目が終わりました。ホールスタッフも、福祉サポートチームも、
充実の笑顔です。なんだか感謝の気持ちでいっぱい。それだけです。

column
08

料理店で改めて強く感じたのは、家族や親族以外の認知症の方ともっと触れる機会を増やす必要があるということでした。

クッキングチーム（ドリンク）

沖中直人

（サントリー食品インターナショナル）

「伊右衛門」の開発リーダーで、商品開発とブランドマネジメントのプロ。認知症の分野にも造詣が深く、9月の「注文をまちがえる料理店」への協力を表明。

＊

この先、認知症が大きな社会課題になることは間違いありません。「注文をまちがえる料理店」のコンセプトに強く共感し、サントリーとして何かできることがあればということで、

「伊右衛門」と「なっちゃん」を提供させていただきました。

今回、一人の客としてもこの料理店を体感し、改めて、家族以外の認知症の方と触れる機会を増やす必要があると感じました。

実は私の母も軽度の認知症です。でも、ウエイターさんたちに接するような穏やかな気持ちで自分の母親には向き合えない。どうしても健康だったときのことが頭にあって、「しっかりして」という気持ちが先に立ってしまうんです。

家というクローズドな中にこもっていると、互いにストレスは積もり、自己嫌悪に陥り、それでまたイライラする、といった悪循環を招きます。でも、家族外の人、社会との接点を持つことができれば、認知症の方が社会性を取り戻す機会になり、笑顔にもなれる。それを見た家族もほっとできるし笑顔になれる。そして当事者ではない人たちに、この病気への理解が広がり、寛容な社会へと向かってくと思うんです。

60歳以上の方の50％が将来、認知症になる可能性があるというシミュレーション結果もあります。認知症は恥ずかしいことでもなく、〝誰もがかかる可能性のある病い〟――そういう意識改革が、いま、求められているのだと思います。

高度経済成長期、「人間らしくやりたいナ」というサントリーのトリスウイスキーのコピーが、日本人の心を揺さぶりました。半世紀のときを経たいま、改めてこのメッセージが人々の心に響く時代だと思います。

人生100年の時代。人生最後の一瞬まで、人間らしくやりたいナ――。

認知症の方も含めみんなが豊かに暮らしていける社会づくりのために、できることが必ずあります。「注文をまちがえる料理店」の実行委員会の方の思いを、僕なりにお手伝いしたいと思っています。

column
09

料理店のコンセプトの一つは、健常者と認知症の人は優劣ではなく、ただの違いでしかない。その違いを愛し合うことから始まるのです。

クッキングチーム（ドリンク）

和田 剛

（カフェ・カンパニー）

9月の「注文をまちがえる料理店」からの参加だが、類まれなるリーダーシップで料理店のレベルを一段も二段も引き上げる。涙もろい一面も。ドリンク担当。

＊

コーヒー担当としてプロジェクトに加わったのですが、僕はもともと出しゃばりでして(笑)、ミーティングにも参加していく中で、ドリンク全般のオペレーションを担当することになったんです。

僕は、このプロジェクトのキーワードは「認知症」ではなく「料理店」であって、そこは絶対にブレてはいけないと考えていました。飲食のプロとしてすべきことは当然、「料理店」として楽しんでいただけるクオリティの料理とサービス、環境を提供すること。

僕は自分で買い付けて自分で焙煎したコーヒーを持ってきましたし、各社さん、それぞれ自分たちのノウハウを結集したものをお出ししたわけです。

ただ、違う会社がひとつのキッチンを使うこともあり、最初、どうかな？　と思ったんです。しかも、事前のリハーサルをする時間もほとんどありませんでした。でも、ほぼ違和感なくスタートすることができた。

コーヒーは嗜好品で、いろんな好みがあります。飲食店も各社いろんなオペレーションの形がある。違いがあるだけで、けっして優劣ではないんですね。今回、力を結集する中で優劣ではなくて、違いを認め合った上で、そこで楽しむことができたんだと思います。

これって、認知症の方に対する接し方、「注文をまちがえる料理店」のコンセプトと一緒なんですよね。

健常者と認知症も優劣ではなく、ただの違いでしかない。その違いを愛し合うことから始まるんだって。

3日間を通じて、毎回クオリティを上げていくために、オペレーションを変えるなど改善していったところはたくさんあります。

めざしたのは「いいお店だったから、また来たいよね」と素直に思ってもらえる料理店です。

おばあちゃんたちの想像を超えたサービスに助けられ、共に響き合って、僕ら飲食のプロだけでは作りえない風景が作れたと思っています。

注文を
まちがえる
料理店

THE RESTAURANT OF ORDER MISTAKES

の
レシピ
03

＊

“非日常空間”へ
いざなう演出が大切

すべてがうまくいく
わけじゃない。

うまくいかないことも、
“普通のこと”

料理店としての最高峰を
目指し続ける

＊

04

3日目

2017年9月18日

注文をまちがえる料理店・最終日

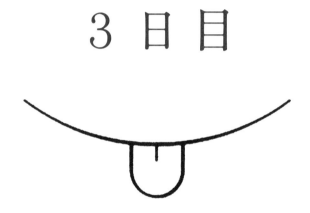

9:00 a.m.

誰もが自分の持ち場でベストを、尽していた。

9月18日、月曜日。きょうは祝日、敬老の日です。

天気は、晴れ。まさに台風一過といった感じで、すかっとした青空が広がっています。

ただ、気温が30度を超えるという予報が出ていました。

きのうは雨で肌寒く、きょうは真夏の暑さ。

認知症の状態にあるみなさんの体調が、ちょっと心配です。


RANDYに着くと、人だかりが。

そういえば、今朝テレビで「注文をまちがえる料理店」の特集が流れたんだった……。

その影響もあったのでしょう、当日席を求めて来られたお客様が30人以上並んでいました。当日席は毎日8～10席程度しか用意していないため、ほとんどの人が入れません。

当日席を求めてお越しいただいたこのお客様たちにどう対応しようかと思っていると、ドリンク担当のカフェ・カンパニーの和田さんがアイスコーヒーを作っていました。

「お待たせしている方々にふるまいましょう」とのことです。

そして、受付チームは当日席の用意が少ないことをおわびして、先着順で漏れてしまった方々に、てへぺろロゴの入ったオリジナルのシールやバッジを配っていました。

受付チームは、店の前に散乱する大量の落ち葉を片づけています。きのうの雨の影響で、地面にはりついている濡れた落ち葉を一枚一枚手ではがしながら拾っていきます。

店内では、福祉サポートチームが、ホールスタッフに「元気を出して笑顔でね！」とか「お客様と言葉を交わしながらね！」と声をかけて、盛り上げています。

プレオープンに続いて今回の料理店でも、クッキングチームの総大将として、和田さんとともにホール全体をマネジメントしてくれているメゾンカイザーの木村周一郎さんが、「みなさん、手を洗いましょう」「アルコール消毒をしましょう」「髪の毛はきちんと結びましょう」と衛生面のチェックを徹底しています。

さらに、木村さんからはこんなオーダーも。

「汁なし担々麺につくジャスミンライスは、麺を食べ終わった後にお皿に入れて混ぜて食べるとオイシイですよ、という説明を添えてみてください」

そうなんです。これは初日からずっと課題でした。

初日、2日目とジャスミンライスだけを食べてしまうお客様が何人もいらっしゃいました。中には、担々麺はAさん、ジャスミンライスだけがBさんに届く、なんてことも。

とにかく、担々麺とジャスミンライスは1セットで、麺を食べ終わった後に混ぜて楽しむんだ、ということが、ホールスタッフからお客様になかなか伝わらない状態が続いていたのです。

たしかに難しいオペレーションです。

でも、味にこだわりぬいた料理を100％楽しんでもらいたい、それが木村さんたちクッキングチームの切なる願いでした。

カフェ・カンパニーの和田さんが、木村さんの説明を横目に、店内の最後のチェックをしています。テーブルに並ぶ番号札をお客様から見やすい方向へ整え、ホールスタッフの方と一緒に床の掃除をしています。

誰もかれもが、自分たちの持ち場で、ベストを尽くそうとしていました。

突然、和田行男さんが、大きな声で「あれやろ、あれ」といい出しました。

そして、「よーお、パン!!」。

出ました、和田さん得意の一本締めです。

「早くビール飲みたいよ～」という誰かの声に、料理店が笑いで包まれます。

さあ、開店しましょう！

注文を
まちがえ
料理店
OPEN!

料理店
THE RESTAURANT OF ORDER MISTAKES

注文を
まちが
料理

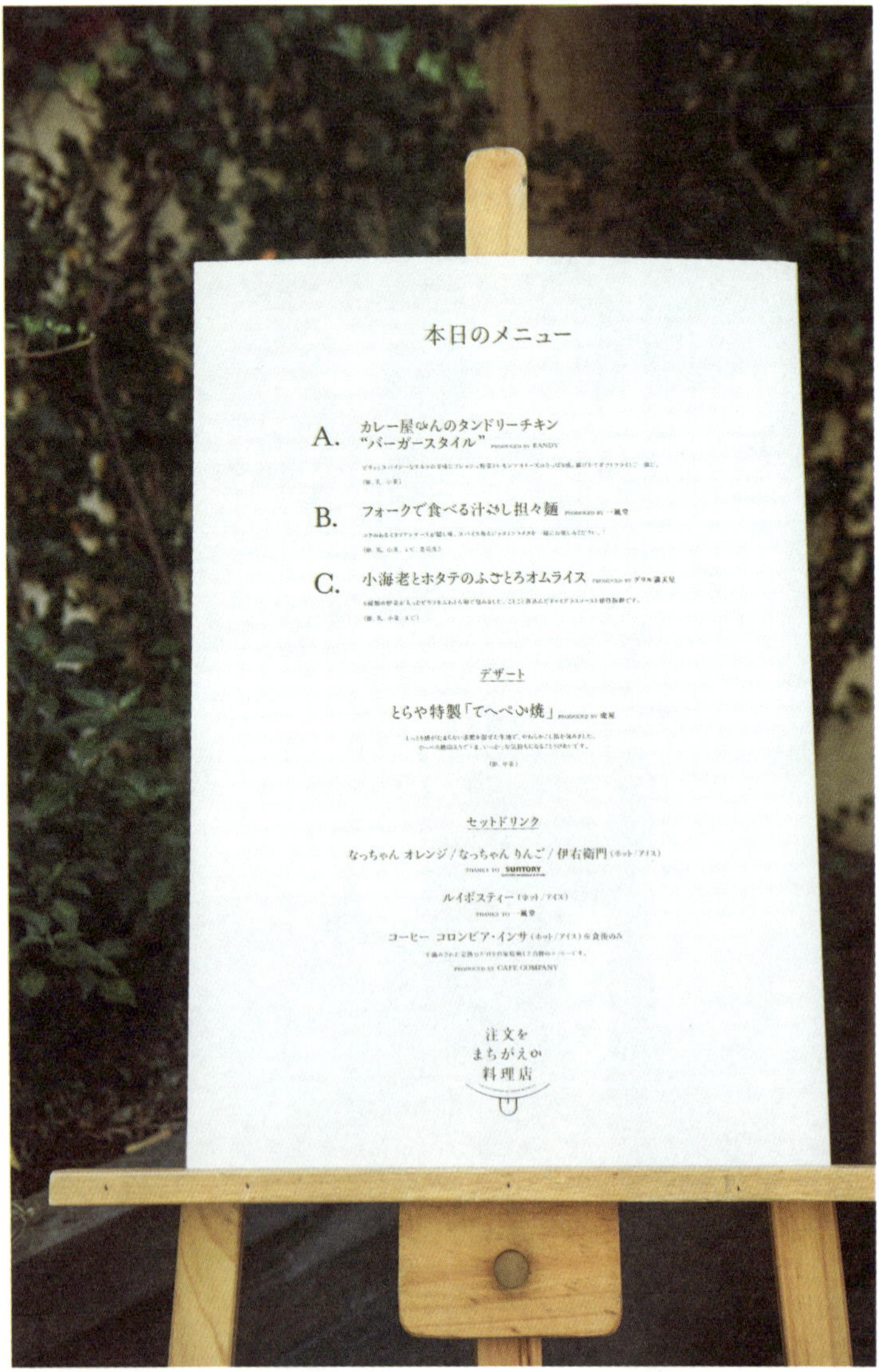

本日のメニュー
A. カレー屋さんのタンドリーチキン “バーガースタイル” PRODUCED BY RANDY
B. フォークで食べる汁なし担々麺 PRODUCED BY 一風堂
C. 小海老とホタテのふわとろオムライス
デザート
とらや特製「てへぺろ焼」 PRODUCED BY 虎屋
セットドリンク
なっちゃん オレンジ／なっちゃん りんご／伊右衛門（ホット／アイス）
THANKS TO SUNTORY
ルイボスティー（ホット／アイス）
THANKS TO 一風堂
コーヒー コロンビア・インサ（ホット／アイス）※食後のみ
PRODUCED BY CAFE COMPANY
注文を
まちがえる
料理店

11時過ぎ。さあ開店です。まずは、本日のホールスタッフのみなさんのご挨拶。
お客様を一瞬で笑顔に変える、不思議なご挨拶です。

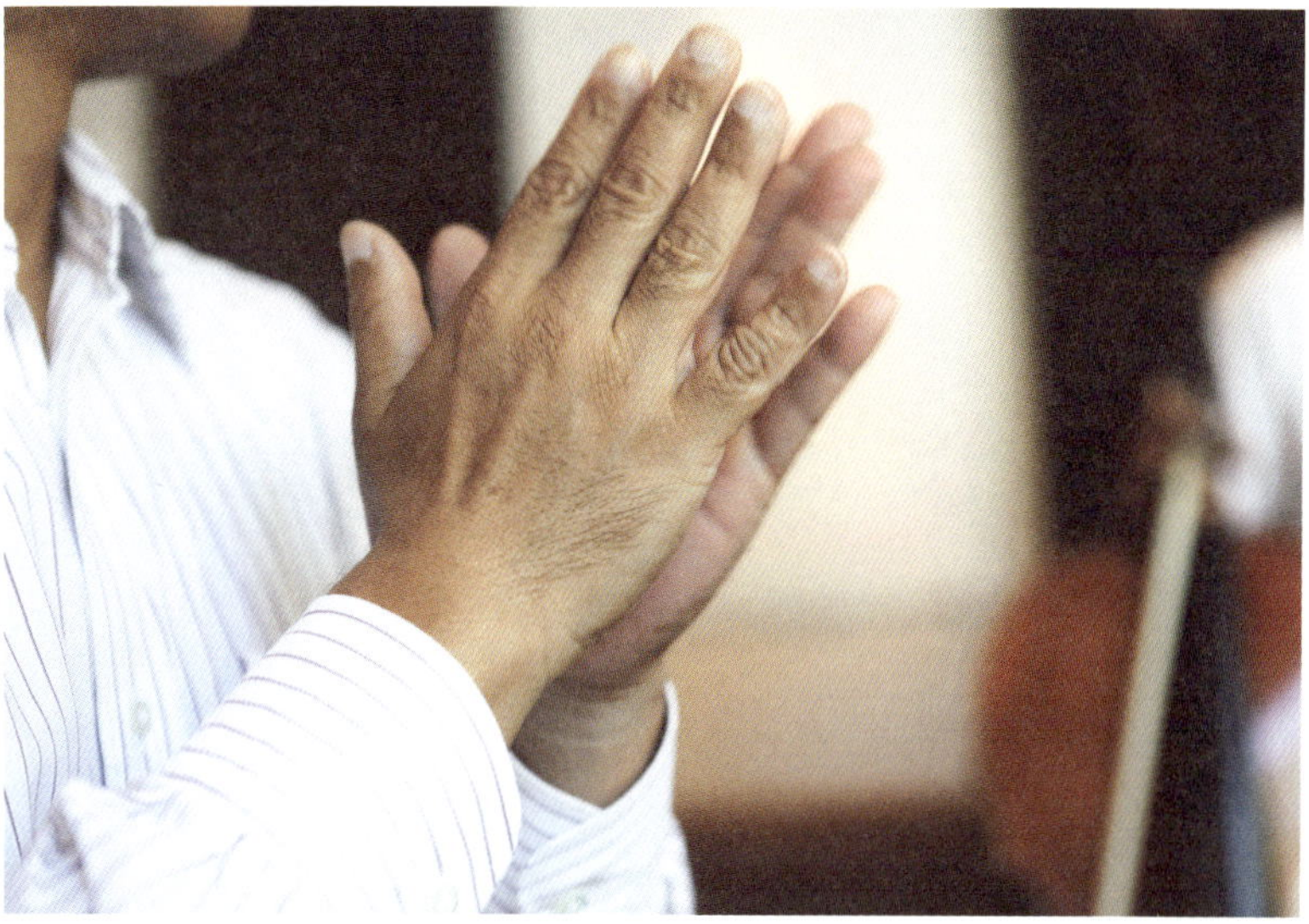

12時30分過ぎ。三川夫妻の演奏も、きょうが最終日となりました。
お二人の静かで豊かな調べに、お客様の笑顔と拍手が続きます。

注文を
まちがえる
料理店
THE RESTAURANT OF ORDER MISTAKES

11:00 a.m.

お客様のその一言で、心から、ホッとする。

この日の1コマ目。

僕にとっては、とても緊張するお客様がお見えになりました。

菊地さん、ご一家です。

菊地さんは、外食サービス業界ではその名を知らない人はいないというくらい有名な経営者です。僕が2017年2月に「77会」の勉強会にお邪魔して、「注文をまちがえる料理店」への協力を求めたとき、その勉強会の講師を務めていたのが菊地さんでした。

そして、僕のつたないプレゼンテーションを聞いた後、「必ず足を運ばせていただきますね」といった菊地さんは、本当に6月のプレオープンにご家族を連れて来てくれました。

お忙しいだろうし、リップサービスだろうと思い込んでいた僕は、本当に驚きました。

あとになって、菊地さんが来店してくれたのには理由があることがわかりました。菊地さんの21歳になる息子さんは、知的障がいがあります。とても明るい性格だったそうなのですが、ここ1年ほどは外出をするのを嫌がるようになったといいます。

「誰にでも挨拶するし、話しかけるし、本当に明るい子だったんですね。昔はよく家族で食事に行っていました。でも、小さい頃は受け入れてもらえたことも、やはり見た目が大人になっていく中で、自分に向けられる視線の変化にとても敏感になってきたのかなという気がするんです。20歳をこえてからは、ごはんを食べに行こうと誘っても、『いい、家で食べる』といって部屋にこもってしまう」

「でも、『注文をまちがえる料理店』っていうのがあるそうなんだけど、行くか？　と聞くと、『行く』と即答したんです。メニューを間違えるかもしれないんだよ、それでもいいの？　と重ねて聞くと、『メニューを間違えるんだったら行く』と」

「注文をまちがえる料理店」の何が息子さんの琴線に触れたのかはわかりません。

でも、菊地さんによれば、6月のプレオープンのときの息子さんは、本来の明るさを取り戻したように映ったといいます。

実際、僕の目から見ても、息子さんはめちゃめちゃ楽しそうでした。ホールスタッフのおばあさんに「ありがとう！」といい、僕には「お兄さん、ここのお料理、本当においしいです！」と伝えてくれる（個人的には、〝お兄さん〟というワードにも反応しまくりでしたけど）。ある意味で、お店の雰囲気を作ってくれているようなところもありました。

お店には幼児もいて、大きな声で泣いたりもしていましたが、誰もそのことをとがめたりしない。お年寄りも、子どもも、障がいがある人もない人も、認知症がある人もない人も、誰もが、あるがままで、そこにいることを受け入れられている。そんなあたたかな空気に包まれている感じがしたと、プレオープンのあと、菊地さんは教えてくれました。

菊地さんは、8月のクラウドファンディングが始まると、すぐに支援をしてくれました。息子さんがことあるごとに「メニューをまちがえる料理店（息子さんはこう呼ぶそうです）に、また行きたい」といっていたので、家族3人でまた足を運びたいとのことでした。

僕はその連絡が来た日から、自分の中にある基準を設けました。
息子さんが「また来たい！」といってくれたら成功。
「もう来たくない」といったら失敗。
今回はプレオープンとは規模も仕掛けも違います。
その中で息子さんがどう感じてくれるのか。
僕にとっては本当に緊張する時間が始まりました。

菊地さんご一家は、料理店の1番奥、6番テーブルに座ります。
「メニューをまちがえる料理店は、2回目です。よろしくお願いします」と息子さん。
ちょっと表情が固い気がするけど……あぁ、大丈夫かな。

6番テーブルに、ホールスタッフの節子さんが向かいます。
料理を運ぶときに「若いウエイトレスのほうがいいよね〜」と一言。
テーブルに笑いが起きました。息子さんも、笑っています。

ふわとろオムライスを、ぺろりとたいらげた息子さん。

ふと目を転じると、そのテーブルに友子さんがちょこんと座っています。

友子さんはきょうが初めてのホールスタッフ。ちょっと疲れたのかもしれませんね。

菊地さん一家と一緒に、三川さんの演奏を聴いています。


1コマ目が終わりました。

一番奥の席に座っていた菊地さん一家が、一番最後に出てきます。

息子さんが、ホールスタッフ、サポートスタッフ、クッキングチーム、一人ひとりに向かって手を合わせ、満面の笑顔で「きょうは、ありがとうございました」と挨拶をしながら歩いてきました。

僕の前に来ると、「きょうは、ありがとうございました」といってくれました。

「また、来週もパパとママとここに来たいです」


はあああああああ〜。

その言葉を聞いて、全身の力という力が抜けそうになるくらい、心からホッとしました。

よかった、本当によかったなあ。

注文を
まちがえる
料理店
注文を
まちがえる
料理店
注文を
まちがえる
料理店

staff
注文を
まちがえる
料理店
staff

注文を
まちがえる
料理店
THE RESTAURANT OF ORDER MISTAKES

staff

注文を
まちがえ
料理店

13時過ぎ。さあ、ホールスタッフのみなさんが注文をとりはじめました。
最初はかたい表情も、これからだんだんと柔らかくなります。

注文を
まちがえ
料理店

12:30 p.m.

弾み、はじけて楽しいホールスタッフの会話。

2コマ目、3コマ目と、認知症の状態にあるホールスタッフのみなさんのエンジンがどんどんかかっていく感じです。
お客様やサポートスタッフとの会話に耳を澄ましてみましょう。

❖ヨシ子さん

元美容師のヨシ子さん。大きなリボンがトレードマーク。

客「お疲れじゃありませんか？」
ヨ「元気ですよ！　1日中立ちっぱなしの仕事をしてきたから、忙しいのには慣れているんですよ」
客「接客のプロですね」
ヨ「長いことお店やっているとそうなるんですよ。お客様が何を望んでいるのかわかってきちゃう。うふふふ」

❖テツさん

6月のプレオープンにも参加。オーダー票をお客様に渡すスタイルの考案者。

客「この仕事が板についていらっしゃいますね」
テ「私、戦争にあってるんですよ。その当時は、やたらとお店を開くことができなかったんだけど、うちの両親が労働者のための食堂みたいなものをやっていて。それをずっと手伝ってきたの。皿洗いばっかりだったけどね。うふふ」

❖節子さん

実家は酪農農家。10人兄弟の末っ子。

節「みなさん羊羹《ようかん》のオーダーお願いしますね。虎屋さんのオイシイ羊羹」

客「そもそも、羊羹なんですか？」

節「あら、やっぱり違うか。ごめんね、よくわかっていないのよ、見習いなもんでよろしくおねがいします」（といって、オーダー票をお客様にゆだねる）

節「すいません〜。みなさんが助けてくれるから」

客「お互いさまですよ」

節「しょうがないおばあちゃんがやってるって、みんなにいっておかないとね」

❖史彦さん

元社員食堂で働いていた。マシンガントークがうり。

（胡椒のミルを持ちながら）
史「やって来やした、ペッパーボーイが。かける儀式でぴっぴっぴっ。きょうがオイシイ1日でありますように」
史「オムライスはちょいとお待ちください〜。卵がね、鶏が産むのが遅かった！」
史「いやいや、しゃべりすぎっていわれちゃうんですよ。でもね、笑わせるのが楽しい。相手をぎゃふんといわせるより、笑って笑って、笑いをとって、愛情をいっぱいあげたほうがね、いいですよね。怒った顔よりね、楽しいのが一番ですよね。みなさまにいい将来がありますように。祈ってますんで。ありがとね！」

❖シズさん

今回のホールスタッフで最高齢、昭和2年生まれの90歳。元高級料亭の女将さん。
客「お願いがあるんです。うちで一緒に暮らしている母が昭和3年生まれなんですね。『私はダメだ』なんていっているんです」
シ「私もそう思っていました」

客「一緒に写真を撮って、うちの母に『元気な人とお会いしたのよ』っていいたいんですけど、一緒に写真撮ってもらっていいですか？」

シ「あ～うれしい。ホント、ありがとうございます。きょう、初めてだから、やっぱりがんばってみようと思って。家でひとりでいるとあれだからって、働いてみようと思って。きょう初めて来て。おそるおそる。お邪魔するのもどうしようかなって。でも、きょうはいい思い出になりました」

❖秀子さん

料理店の壁に掲げられたおばあさんの絵のモデル。

秀「私、ここに仲間にいれてください（といって、お客様の隣に座る）」

客「いらっしゃいませ（笑）」

秀「ゆっくり食べていてください。もう、逃げたの。あれやれ、これやれってうるさいから（笑）」

客「この水、誰も飲んでないので、どうぞ」

秀「あー、おいしい」
客「あの、イラストの……」
秀「私に断ってなくて、貼ってるんですよ。ヘンなの貼るんじゃないって。いつのまにか、ああいうのが貼ってあって。もうやだ」
客「漫才やってるみたい（笑）。実物のほうがおキレイです」
秀「いい年なのにね。元気です。若い人に会うと元気なの。年寄りの中にいるとダメなの。でも、若い人が好きだっていうばあさんが来たよって、笑われちゃう」
客「お腹すいてませんか？」
秀「みなさんに会えて、おなかいっぱい。楽しい顔がいっぱいいて。ありがとうね」

❖勝子さん

「注文をまちがえる料理店」のニューヒロイン。ちょんまげがチャームポイント。

勝「あたしもね、認知症でね。全然、わからんの」
客「ホントかな？　バッチリにみえる。笑いのセンスも」

勝「だから、こういうところが好きなの。人が集まるところが好きなの。なかなか、集まらせてくれんきね。認知症だからダメって言われるもんで。あはは」

そして、お客様をお見送り。

客「写真、てへぺろポーズでお願いします」

勝「はいはい〜。ぺろっ！」

客「やった〜！」

4:40 p.m.

三川泰子さんと一夫さんが最後の演奏を終えました。

12コマすべての演奏を終え、大きな拍手の中、一夫さんが静かに語り始めました。

「認知症の方って、彼女もそうなんですけど、自信を失ってしまっているんですよね。私たちにとって、それをどうやって回復できるのかなというのが一つのテーマかなって思っています。彼女にはピアノというのがあったので。あと最近やっているのが、彼女は一人で服が着られない。着られないというか、シャツの前後ろがわからないんですね。それを

Facebookにのせたら、アドバイスをくださった人がいて、背中にワッペンをつけたらいいよって。さっそく背中にY、泰子のYのリボンを貼ったんです。これをやったら、一人でシャツが着られるようになったんですね」

「昔はよく一緒に温泉に行っていたんですけど、いまはお風呂に入ると着替えがあるから嫌がる。でも、これからはまた行けるかもしれないねって話しています。これから先、どうやって自信を持たせてあげられるのか、どうやって楽しく暮らしていけるのかなって考えています」

「それにしても、彼女のピアノ、とてもソフトでよかったですよね?……そこに惚れたんですけどね」

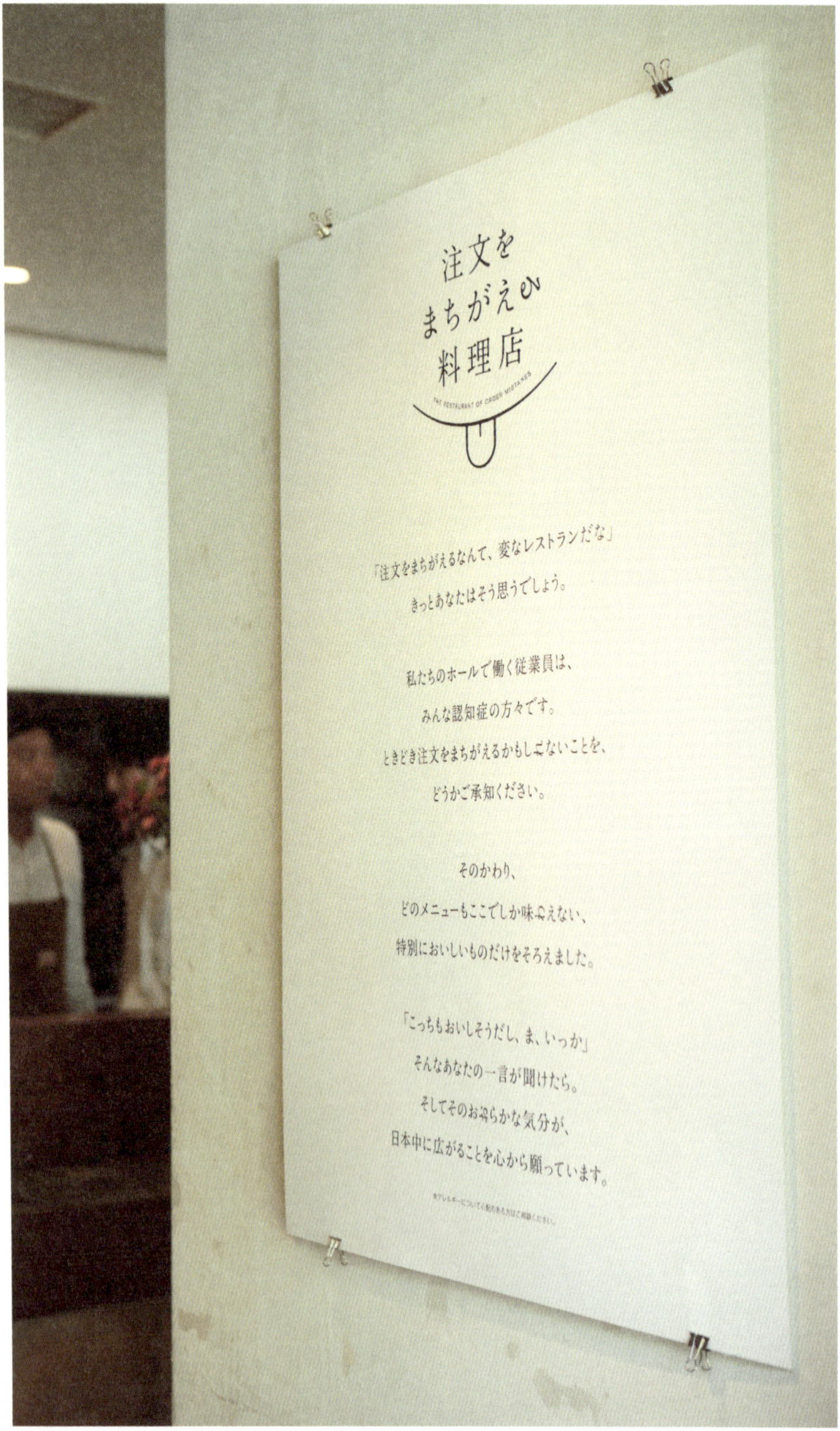
注文を
まちがえる
料理店
THE RESTAURANT OF ORDER MISTAKES
「注文をまちがえるなんて、変なレストランだな」
きっとあなたはそう思うでしょう。
私たちのホールで働く従業員は、
みんな認知症の方々です。
ときどき注文をまちがえるかもしれないことを、
どうかご承知ください。
そのかわり、
どのメニューもここでしか味わえない、
特別においしいものだけをそろえました。
「こっちもおいしそうだし、ま、いっか」
そんなあなたの一言が聞けたら。
そしてそのおおらかな気分が、
日本中に広がることを心から願っています。

注文を
まちがえる
料理店

人として生きることを支える
全国介護職の仲間たち
人として生きることを支える
大起とエンゼルの仲間たち
RANDY

注文を
まちがえる
料理店

ご来店くださった皆さまへお願い
「注文をまちがえる料理店」は
この活動を通して認知症の理解を広げるために、
皆さまのお食事を妨げない範囲で
店内の撮影を行う場合があります。
撮影された素材は、
ニュース媒体などへ提供する可能性が
あることをご承知ください。
お手数おかけして恐縮ですが、
映りたくない方はお近くのスタッフまで
お申し付けください。
注文を
まちがえる
料理店

注文を
まちがえる
料理店

注文を
まちがえる
料理店
THE RESTAURANT OF ORDER MISTAKES
OPEN!

注文を
まちがえる
料理店
OPEN!

注文を
まちがえる
料理店
THE RESTAURANT OF ORDER MISTAKES

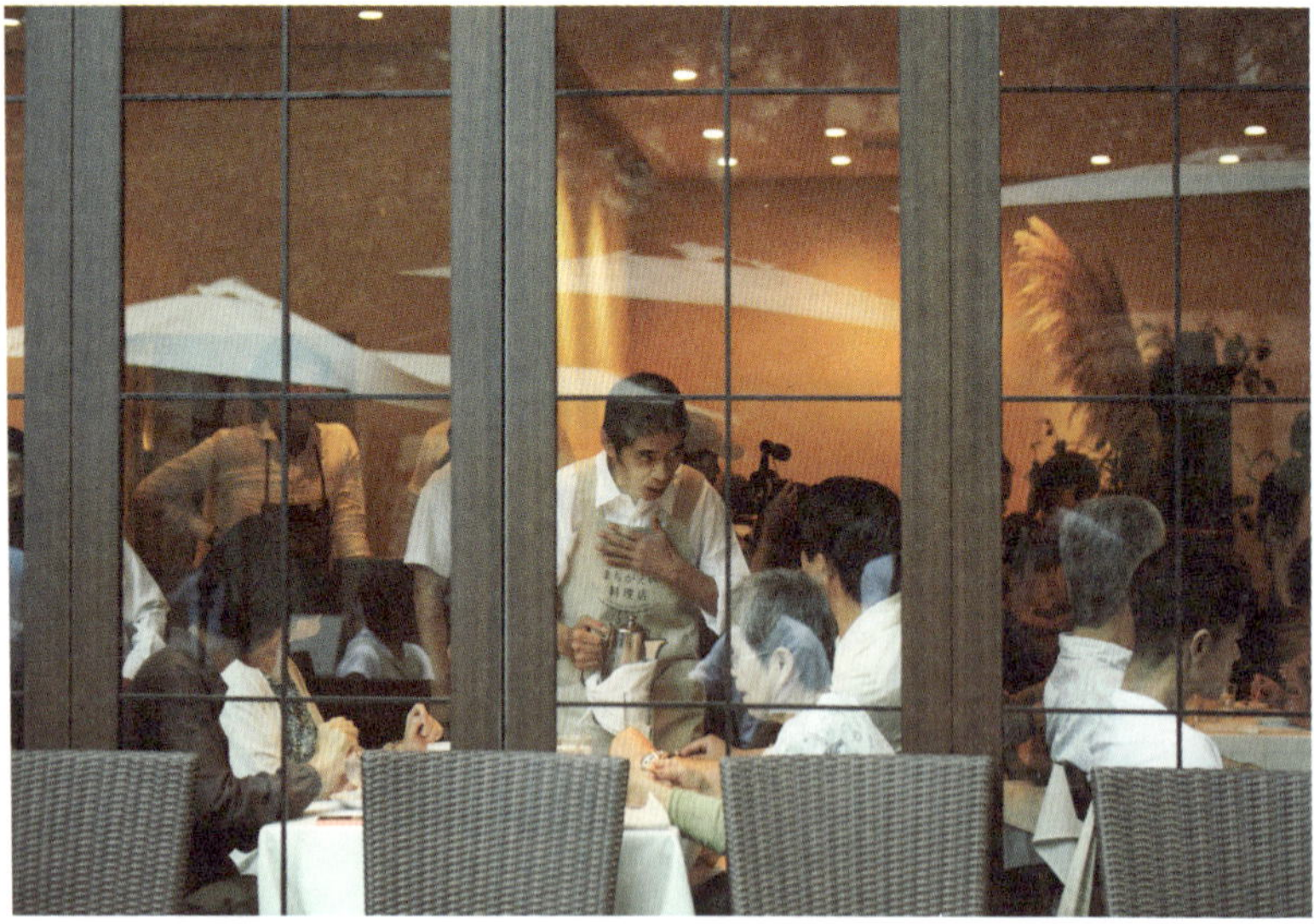

6:00 p.m.

実行委員長の深くて豊かで楽しいご挨拶。

この日の4コマ目、3日間12コマ目の最後に、「注文をまちがえる料理店」の実行委員長として、和田さんがお客様の前に立ち、長い、長い挨拶をしました。

みなさん、こんにちは。

今回は3日間の最終回ということで、ご挨拶をさせていただきます。実行委員長をしております、和田と申します。よろしくお願いします。

僕の子どもの頃に、出身地に問題がある家ということで、結婚が破談になるおねえちゃんがいました。僕がちょうど憲法を習っているころで、憲法には「門地による差別をしてはならない」と書いてありました。僕は大人は卑怯だな、ズルいな。子どもにそれを教えて、大人はそういうことを平気でする。そんな大人にはなりたくないって思っていました。

それから、僕は国鉄に入ったんですけど、国鉄の民営化に反対していまして、その旗を掲げただけで通常の作業から外されて、まったく違う付帯業務にさせられました。基本的人権には、思想信条による差別をしてはならないと書いてあります。そんな僕が1987年に介護の世界に来ましたけれども、一番最初に思ったのは「福祉よ、おまえもか！」でした。

認知症がある、あるいは身体に障がいがあるというだけで、自分がいっぱいやれることがあるのに、できることを発揮する機会を奪われる。自分に意思がいっぱいあるのに、その意思を確認もしてくれない。そんな世界に入って、僕は自分が少し偏った正義感があると思うんですけれども、その偏った正義感も少しは社会に役立てることができるかなって思って、この30年間、介護の世界でいろんなことにチャレンジしてきました。

ときには異端児の扱いもされましたし、認知症の方が自分の力で買い物に行ったり、あるいは自分の力で料理を作ったり。それを「和田さんのやっていることは虐待だ！」なんていうふうにもいわれました。

でも、僕は自分の中に信念があって、どんな状態になったって自分のできることを自分でするというのは当り前のことやし、それを支えていくのが僕らの仕事、僕らなんだと思ってやってきました。

きょうはみなさん、三川さんのピアノにすごく心を打たれたと思うんですが、まだまだ、認知症の三川さんの弾くピアノだから心打たれるというところで止まっているとしたら、そうじゃなくて、一生懸命生きようとしている人、一生懸命生きている人たちがちゃんと応援される社会がとっても大事だし、その社会を作っていきたいと思って、30年間やってきました。

僕は認知症の人に対して、ケアをするという発想はまったくありません。

認知症になったって、人として生きていくことをどうやって支えていくか、そういう社会をどうやって作っていくか、そのひとつの取り組みが、この「注文をまちがえる料理店」です。

「注文をまちがえる料理店」、その名前だけに心躍らせるのではなくて、その向こう側にある、認知症になったって、身体に障がいをもったって、身体に障がいをもって生まれてきたって、どんな状態だって生まれてから死ぬまで人としての価値は変わらない。そのことをお互い、共存していくといいますか、共に生きていくために、その気持ちをしっかりもつということが、これからの日本の社会においてとても大事だし、世界には70億人の人間がいますから、70億人の人間がお互いに助け合って、生きていくようなことを理想といわれようが、なんと言われようがめざしていくことが大事だと思っています。

ぜひ、みなさんもきょうのことを通じて、考えていただければなと思います。

もちろん、クラウドファンディングで応援してくださった方ですから、そういう気持ちはいっぱいあると思います。

最後になりましたけれども、僕らはホールの中で表立って、みなさんの前の華やかな舞台にいますが、この舞台を作ってくださった方にはいろんな方がいます。

まずは裏方で、このデザインを制作してくださったみなさん。あるいは、このTシャツもそうですが、時間がまったくない中で、おそらく徹夜作業をしてくださった方もいるかもしれません。そのみなさんに、拍手をいただきたいんですけど、いいですか？

きょうは24人×4なので、96食なんですが、厨房の中で、みなさんに本当においしい料理を心をこめて作ってくださった方がいます。拍手いただいていいですか？　厨房にいくつもの会社が入って、作ってくださっています。そういうこともまずないと思います。

それから、なんといってもお金がかかりました。みなさん、クラウドファンディングしてくださいましたが、それ以外でも、直接、カンパをくださった方がたくさんいます。福島の高校生が１０００円、カンパしてくださいました。みなさんも含めて、お金をくださったみなさんに拍手をいただいていいですか？

最後になりますけれども、身体もクタクタになったと思うんですが、実数20人の方がここでウエイターとして働いてくださいました。このあと、もちろん、謝礼金は渡すんですけれども、みなさんの拍手が一番かなと思います。

それから、こういうことができるようになった日本の社会。僕がこの仕事についたときは、認知症の方はみんな精神病院に入れられて、本当にひどい目にあってきたと思うんですけど、こういうことができる社会になってこれたのは、国民のみなさんの意識が変わってきた証じゃないかと思うんです。

そのみなさんにも拍手を贈って、終わりたいと思います。

ありがとうございました！

この3日分だけではなく、30年分の思いが詰まった、和田さんのスピーチでした。

お客様をお見送りするとき、僕は和田さんの隣に立っていました。

すべてのお客様を見送ったあと、和田さんがぼそりと「婆さんの生きる姿が、世の中を変えていくんだよなぁ」とつぶやきました。

僕はあえて和田さんに何も聞きませんでした。

なんとなくではありますが、その意味がわかったような気がしました。

staff

がえる
料理店

6:30 p.m.

てへぺろで駆け抜けた店、もうすぐ閉店です。

「注文をまちがえる料理店」の看板が外されます。
あぁ、終わっちゃったなぁ。
みんなが静かにその様子を見上げています。

簡単な打ち上げが始まりました。

乾杯の音頭は、ＲＡＮＤＹの小手川店長にお願いしました。
この3日間は、この場所でなければ絶対にできなかった。みんなの共通の思いでした。

乾杯!!


店の片隅で、和田さんとメゾンカイザーの木村さんが話していました。

中に入れてもらうと、二人とも超上機嫌。

「小国、おまえ知らんやろ」と和田さん。

「担々麺。最後、(ホールスタッフの)テツさんが、お客様に説明できたんやで」

「テツさんがな、お客様とこ行って、こういったんや。『いま、いいそこねたんですけど、担々麺食べるでしょ。あとに汁が残るんですよ。それを小さなお皿についてくるライスをそこにあけて、まぜて、それで召し上がってください』」

「もう嬉しくってね」と木村さん。

「あー、説明してくれた! って思わず和田さんのほう見たら、和田さんもわかっていて、二人でうんって目配せしあったんだよ」

そうか。そうか。テツさん、最後にいってくれたんだ。

そして、木村さんが話してくれました。

実は、6月のプレオープンのとき、和田さんから「木村さんは、やりすぎだ」といわれたと。木村さんとしては料理店としてきちんと運営していくうえで必要なことをきちんとやっていたつもりなのに、「やりすぎ」というのはどういう意味なのか。この3か月、ずっと考えてきたんだといいます。

「それで、今回、本当に腹落ちしたんだよね。きちんとしたオペレーションの仕組みを作っていけば、自分たちが声をかけたりしなくても、おばあさんたちは本当にしっかりやってくれる。そこを信じきれてなかったということなんだなと思った」

木村さんは、外食サービス業のプロ中のプロです。

その木村さんが、6月からずっと和田さんからいわれた一言を考え続けていたというのは驚きでした。

そういわれて思い出してみると、今回、木村さんはほとんど前に出ることなく、完全に裏方に徹していました。

各コマが始まる前に、認知症の状態にあるホールスタッフを集め、手洗いと消毒を促し、衛生面の管理を徹底。お客様のテーブルを回って「事前にもお聞きしていますが、改めてアレルギーについて確認させてください」と安全面の管理。そして、一度ホールスタッフがコップを倒してしまい、水をお客様にかけてしまったときは、すぐにかけつけてタオルを渡して、ていねいにおわびを重ねていました。そして、ホールスタッフの方が気にしたり、傷ついたりしないよう「大丈夫ですからね〜」と裏でこっそりフォローを入れていました。

外食サービスのプロだからこそ、つい手を出したくなったり、もどかしいと思う場面はめちゃくちゃたくさんあったはずです。でも、今回は裏方に徹して、ホールスタッフの動きや心の揺れをじっと見守ることに決めていたのだろうと思います。

だからこそ、テツさんの担々麺の説明に、こんなに喜んでいるんだなと感じました。

そして、木村さんは和田さんに「僕たち飲食業の人間は、認知症のことを知らなさすぎる。だから今度、和田さんの施設に見学しに行ってもいいですか?」と聞いていました。

木村さんの言葉、和田さんも嬉しかったんでしょうね。

木村さんをハグして、ほっぺにチューしていました。

9:00p.m.

さて、今回の「注文をまちがえる料理店」も終わりのときが近づいてきました。

発起人として、最後に挨拶をといわれても、もう何も語ることはありません。

とにかく大きな事故もなく、3日間を走り抜けられた。

それが何よりだと思っていますと話しました。


最後はやっぱりあれです。

「和田さん、いつものやつお願いします」

これまでずっと間違った場面でやってきた、一本締めです。


「よーお、ぱんっ!!!!」

これにて「注文をまちがえる料理店」は閉店!

19時過ぎ。「注文をまちがえる料理店」の看板が下ろされます。
店内も片付けが始まりました。無事に終わることができて本当によかったです……。

注文を
がえる

注文を
まちがえる
料理店
staff

staff

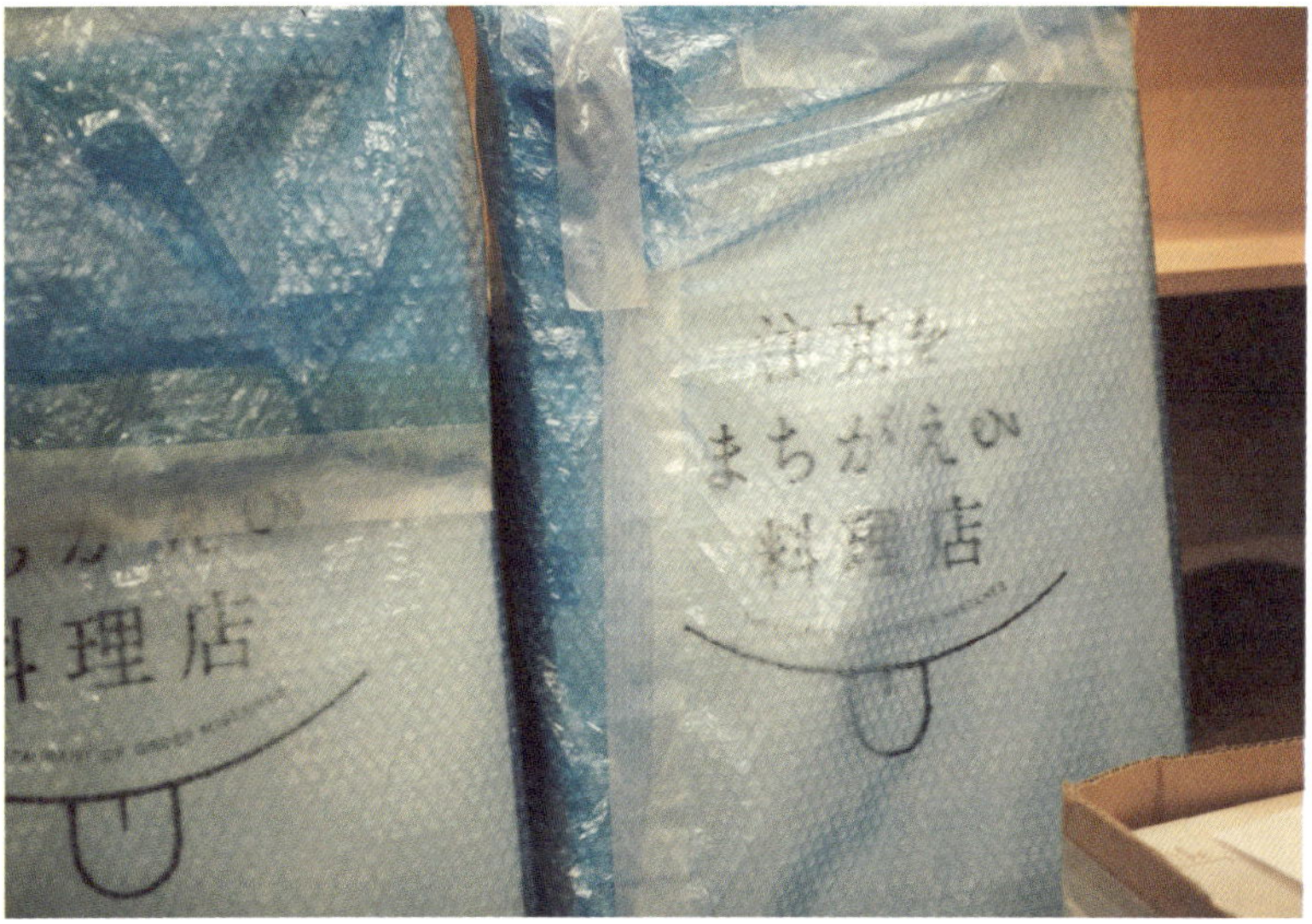
料理店
注文を
まちがえる
料理店

panorama

staff

注文を
まちがえる
料理店
OPEN!
staff

注文を
まちがえる
料理店
Staff

column
10

ミスがあるとかないとかではなく、私たちの生き様を乗せて弾けたと思ってます。私たちの気持ちが音楽ににじみ出たような気がしています。

演奏

三川一夫さん　泰子さん

6月のプレオープンに引き続き、9月も「アヴェ・マリア」を夫婦で演奏。とてもあたたかく、すてきな演奏は「注文をまちがえる料理店」の一番人気。

＊

一夫　彼女が若年性の認知症と診断されたのは、4年ほど前になります。

大好きだったピアノが弾けなくなり、少しずつ、いろいろなことができなくなっていくことに落ち込んでいましたが、同時に「少しでも役に立てることができるんだったら、やりたい」ということもいい続けていました。

　1年くらい前、大起エンゼルヘルプから声をかけていただいて、週に5日、アルバイトに行くようになったんです。そのつながりで6月のプレオープンのとき、ホール係として参加させてもらう予定で会場に行ってみると、そこにピアノがあって。

　ちょうど、『アヴェ・マリア』を頑張って練習していたときだったので、「ひょっとしたら弾かせてもらえるんじゃないか？」と、ダメもとでお話ししてみたんです。

　そうしたら、実は、そもそも彼女に演奏してもえないかというプランがあって、二つ返事でOKをいただき、二人で演奏することになったんです。

　本番まで3、4日間くらいしかなかったのですが、そこからさらに練習をして。

　当日、間違えながらもなんとか、最後まで弾くことができました。すごくありがたかったし、彼女にとっても、とてもうれしいことだったんですね。

泰子　自信を失っていたから、ずいぶん、それで助けられたのね。

妻は40年くらいピアノの先生でした

一夫　そして今回の本番に向けて、また練習を重ねてきたのですが……大変でした。彼女は音大を出て、40年くらいピアノの先生を続けてきて、自宅で僕とコンサートを開いたりもしてきました。
　ピアノと共に生きてきて、その長いキャリアがあるので、頭ではちゃんとわかっているし、耳も覚えている。でも、指が動いてくれないわけです。

泰子　わかっているんだけどね。

一夫「わかっているだけど」って、いつもいうわけです。そういいながら、毎日、家にいるときはほとんど練習をしていました。ピアノが好きなんだろうけど、朝の食事をしてから、大起へ仕事に向かう前の30分も惜しんでピアノに向かって、帰ってきてお昼を食べてから夕飯までずっと弾いていました。

泰子　ピアノはお友だちで。本当に、「もうやめたら」って、いわれるんじゃないかってくらい弾いているんですけど。この人もいわないから。他にすることもないし（笑）。

一夫　練習の甲斐があって、ピアノのソロでは弾けるようになったのですが、私のチェロと合わせるのがまた難しいのです。どうしても、止まっちゃったりすることが多くて。実は本番の3週間まで、一度も通しで合わせることができなかったんですよ。

泰子　でも、私一人だったら、人前で絶対に弾けないです。二人だから、一緒にやろうっていってくれたから。

私たちの生き様を乗せて弾けました

一夫　今回、ミスがあるとかないとかということではなく、私たちの生き様を乗せて弾くことができたと思っています。音楽の専門家じゃないからいえるのかもしれないけれど、間違えずに演奏するとかそういう話ではなくて、音楽に私たち夫婦の気持ちがにじみ出て、感動していただけたのかなって気がしてします。やっぱりここまでくるには大変な思いがありましたから。

ただ、演奏させていただいたのは、本当にありがたかったのですが……正直、3日間、待ち時間も長くて疲れました（笑）。

泰子　なんといったらいいんでしょう（笑）。演奏とは関係なくね。どうするんだろう……っていうくらい、大変だったんです。私、死ぬんじゃないかと思うくらい疲れました。

一夫　それでもやっぱり、今回の企画は私たちにとって万々歳でした。チャンスをいただいたのが、自信にもなった。こんなに元気になってくれるとは思わなかったからね。

泰子　すごくうれしかったです。

一夫「ピアノはお友だち」っていっていたけど、本当にお友だちになってほしいし、ずっとお友だちでいてほしい。だから、レパートリーを増やしていこうと思っているんです。

次は『G線上のアリア』に挑戦しようと思っています。『アヴェ・マリア』と同じ、バッハの曲です。

彼女はもともとは右利きなんですが、左の頭頂葉の萎縮で若年性認知症になっているものだから、右が遅れて、左手が出てくるんです。『G線上のアリア』のピアノパートは、ほとんど左手で弾くので、次の曲にはいいかなと思って。少しずつね、両手を使う曲に挑戦していけるよう、プログラムを考えてね。慣れていくことが大切だから。

認知症と診断されて、自信を失っている人たちって、いっぱいいると思うんです。彼女も暗く、ふさぎこむようになっていましたが、ピアノを弾くようになって、もとの明るい性格に戻ってきました。

みなさん、それぞれ、好きなことや得意なことがきっとあると思うんです。なかったら、作ってあげればいい。楽しいことをして過ごしていけば、もっと楽しく生きていけると私は思っています。

とくに若年性認知症の人は、これからも長く生きていくわけだから。

泰子　そうね。お父さんがいなかったらできないものね。感謝しています。

column

11

料理店は認知症の状態にある方々と接してもらう場ですが、職員には普段の〝黒子〟としての仕事ぶりが、日の目を見る場になっています。

福祉サポートチーム

小林由憲

（大起エンゼルヘルプ）

和田さんに紹介をしてもらい、「注文をまちがえる料理店」の話をしたとき、静かに「必ずやりましょう」といってくれた。あの一言が、このプロジェクトのスタートだった。

＊

大起エンゼルヘルプの組織は、僕が社長という立場で、和田行男が介護の専門職として現場を担うという位置づけです。今回のプロジェクトのスタートについては、和田が認知症の方々と一緒にやれるといえば、僕が心配することは何もありませんでした。

実行委員会にしても、それぞれの持ち場でそれぞれのプロフェッショナルが動いています。だから、僕の役割は、プロフェッショナルが担う専門以外の部分のサポートすること。うまく回らないところとか、拾えきれていない部分を整理してクリアにしていくことでした。

たとえば、6月のプレオープンを終えて、かなりの注目を集めましたので、法的な瑕疵《かし》があると、どこからどう突っ込まれるかわかりません。法的な瑕疵としては何が考えられるかを顧問弁護士に相談したり、ホールスタッフやお客様に万が一のことがあったときの保険加入について調べたり。そんな細かな問題や懸念を一つずつつぶしていった感じです。

うちの場合、利用者さんにホールスタッフとして働いていただくことについては、必ずご家族の同意と許可をいただいています。それは、普段、現場でうちの職員が利用者さんや入居者さんを支援をしている中で築かれた、ご家族との信頼関係がベースになっています。

ただ、それでもやっぱり事故が起こる可能性はありますし、リスクを完全に排除することはできません。ゼロリスクをめざすなら、このプロジェクトは絶対にできないことです。

でも、そもそも、誰でも生活していく上で、日常にリスクはたくさんあるわけです。人として生活する以上、すべてのリスクを排除しきれません。リスクを承知しながら無策で放置するわけではなく、やるべきことはすべてやり、何かあったときには臨機応変に対応する。それは普段の介護の現場とまったく同じです。

結局、大切なのは、認知症の状態にある方に活躍できる場所があり、できることをやっていきたいという思いがあり、家族がその趣旨を理解し、応援していきたいと思ってもらえるような関係性なんだと思います。

専門職として力量が試されました

今回、うちの職員にとってもすごくいい経験になっています。同じ大起のスタッフですが、普段、みんな別々の拠点で働いている即席チーム。普段、一緒にやっているメンバーはいません。また、自分がいつも関わっている入居者さんとは違う方と接することもあり、専門職としての力量がすごく試されます。

また、入居者さんたちがホールスタッフの仕事ができるのは、日常的にご自身たちで料理を作ったり、買い物に行ったりしているからで、それはもちろん、職員の支援があるからです。

この料理店は認知症の状態にある方々と接してもらう場ですが、職員にとっては、普段の〝黒子〟としての仕事ぶりが日の目を見る場にもなっているように思います。

福祉らしくない仕掛けがよかった

今回、この「注文をまちがえる料理店」が注目を集めたのは、福祉らしくない仕掛けだからということがひとつ。

もうひとつには、認知症がみんな一人ひとりにとって身近な問題になってきたという背景があると思います。実際に肉親の介護をされている人もいるでしょうし、「いずれ自分も」と考えている人もいるでしょう。昔は自分には関係のない特殊な状態といったイメージがありましたが、ずいぶん意識は変わってきました。

そしてもうひとつ、「寛容さ」というテーマも大きかったように思います。多くの人たちが、生きにくい世の中になっていることを感じていて、モヤモヤしながら過ごしている。

でも、だからといってこの社会を飛び出すことはできないし、いくら寛容さが重要だといっても、なんでもかんでも許されるような社会になったら、やっぱりそれはそれでうまくいきません。

こんな料理店があり、きょうは時間にゆとりがあるから、店員さんとゆったり会話でも楽しもうかな、みたいなことを人は求めていたのではないでしょうか。

今回のプロジェクトに関心を持って、実際に飲食店の方が勉強をされて認知症の方を雇い入れてやるというのは、コストもかかりますし、正直、かなりハードルが高いと思います。

けれど、ちょっとこういう機会に触れて、「うちでなにかできることはないだろうか」「こういうことならできるかも」と考える人が一人でも増えると、社会はだいぶ変わると思うんです。

たとえば、店員さんの一部でいい。認知症に限らず、障害者の方や外国人の方が働いていて、そのお店のドアには、てへぺろのロゴマークのステッカーが貼ってある。

「ちょっと優しさに触れたいな」と思って訪れることもできるし、逆に、「きょうはちょっと忙しくて、気持ちに余裕がないからやめとこう」と思ったりもできる。そんな形のお店があっても素敵ですよね。

認知症になると、とくに若年性認知症の方は働ける状態にあっても、仕事を続けることができなくなってしまいます。でも、認知症だからといって、そこまで奪われることはないんです。

もちろん、その方の状況に応じてですし、仕事は選ぶことになるけれど、もう一度、経済活動の中にちゃんと戻っていける。そういう社会の実現に向けて、この「注文をまちがえる料理店」が何かのきっかけになってほしいと思っています。

column

12

めざすのは、認知症の方が働く店が“普通”になることで、そのためにはホールスタッフが、持ち上げられてはダメだと思います。

クッキングチーム

木村周一郎

（ブーランジェリーエリックカイザージャパン）

6月のプレオープンの際、場所と料理を提供してくれるなど、超絶頼りになる実行委員会の兄貴的存在。6月も9月も、クッキングチームの絶対的リーダー。

＊

小国さんから「飲食店をやりたい」と聞いたとき、無謀だと思いました。

飲食店は、開店するために数千万円から1億円かかり、うまくいかなくて潰すときにも数千万円がかかる世界です。

ただ、まずは試しでお金をかけずにやってみようというとき、たたまたまうちの会社のテストキッチンとして使っていた場所があって、そこがベーカリーレストランの設備が整っていたんですね。営業許可を取り、衛生面でも担保できたので、6月にプレオープンを実施し、この9月のイベントにつながりました。

「料理店」として誇れる店に

このプロジェクトで、僕が一貫して気にしてきたのは「料理店」としてちゃんと誇れる店であるということでした。

今回、お料理は一風堂さん、満天星さん、RANDYさんがご提供をしてくださるので、料理のクオリティ面での心配はありません。僕が担当したのはそれ以外、料理店としてのオペレーションの部分です。


オープン前、ホールスタッフさんやスタッフのみなさんには必ず、石けんで手を洗い、アルコール消毒をするよう声をかけ、衛生面への意識をもってもらう。基本的なことですが、飲食店では日常生活とは違うレベルで、衛生面への意識が必要なんです。

食物アレルギーについては、申し込みの時点でお客様から伝えていただくことになっていましたが、申告もれの可能性は十分にあります。

そのため、お客様がお席に着かれたら、僕が各テーブルを回って確認をとるかたちをとりました。この料理店に限りませんが、飲食店が食中毒を出したら最悪です。食物アレルギーだって、場合によっては命にかかわる。

プロジェクトが注目を集めれば集めるほど、何かトラブルが発生したら「あー、やっぱり」になってしまう。この「あー、やっぱり」は絶対に作ってはいけないのです。

料理をご提供するスピードも初日が終わり、慌ただしかったという声もいただいたので、なるべくゆっくりくつろぐ時間がとれるように、段取りを変えたりもしていきました。

振り返ると、大成功だったと思います

3日間を終えて振り返ると、大成功といってもいい結果だったと思います。一方で課題も見えてきました。

こうしたお店には、ターゲットが2つあって、ひとつは「認知症の方々に幸せに働いてもらう」ことです。それもひとつのターゲットではありますが、ただ、それはともすると、お客様がサービスをする側にまわってしまう可能性がある。

もちろん、お客様が望んで参画したのであればOKで、それがこの「注文をまちがえる料理店」なのだけれど、これが恒常的な店になったとき、つまり、〝普通〟のこととなったとき、このバランスがひとつの課題になるのではないでしょうか。

めざすのは認知症の方が働くお店が〝普通〟になることで、普通になるためには、やっぱり、ホールスタッフが持ち上げられるようではダメだと思うんです。

この先、「頑張って受け入れるからやってみませんか?」という飲食店が出てくるかもしれない。ディベロッパーが、社会的意義のあることだからと、「場所を格安でお貸ししますので、やってみませんか?」と音頭をとることもあるでしょう。

ただ、飲食店として成功できるかというと、まだまだハードルは高いと思います。メニューを考案し、さらに、飽きられないよう季節ごと変えるなど、飲食の現場には今回のイベントとは違う次元で、いろいろなことがあります。

メゾンカイザーと満天星と一風堂とRANDYのお料理が選べる、「すごい、面白いコラボだね」というのは、イベントだからできることなんです。常設店になるということは、料理でも勝負しなくてはいけないつらさが出てくる。「注文をまちがえる料理店」では売りになっていたものが、一転、重荷になってしまう可能性があるわけです。

その意味で、ひとつ可能性があるのは、介護ホームの1階を改装してパブリックな場にしてスタートすることかもしれません。

みなさんが昔もっていた杵柄《きねづか》を生かして、たとえば、編み物や絵画の教室をやり、そこに付帯する軽飲食を提供する。コミュニケーションスポットとしての機能を持ちつつ、ドリンクのサービスをして、働いている人には恒常的に対価が支払われる、そんなあり方が、いまは現実的なのだと思います。

「注文をまちがえる料理店」は、料理もデザインもサービスもすべて、できうる最高のものを示したと思いますし、それができたことをうれしく思います。

ここから、「これはいいよね」「ここは真似できる」「これは難しいな」という形で選び、こうした取り組みが出てくるといいんじゃないでしょうか。

ただ、3日間やってみて個人的に強く感じたのは、僕自身が認知症の人のことを知らなすぎるということです。サポートに入ってくれた介護スタッフが普段、どうやってホールスタッフとのみなさんと接しているのか？　そのことを抜きにして、僕がホールで指示を出すことに正直、違和感を覚えたんです。

飲食店を経営する仲間にも声をかけ、一度、介護の現場をこの目で見に行きたいと思っています。

注文をまちがえる料理店

THE RESTAURANT OF ORDER MISTAKES

のレシピ 04

*

主役は、当事者。
当事者の姿が、世の中を
変えていくと信じる

*

それから

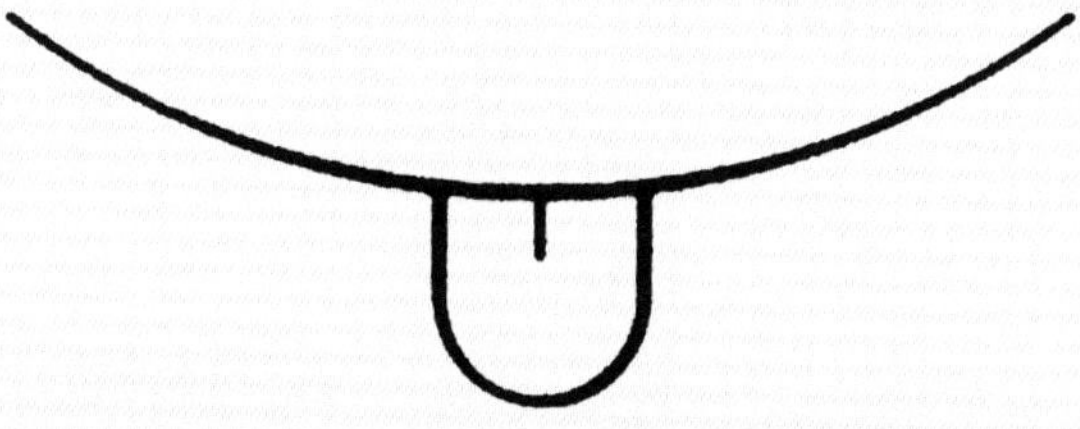

2017年9月24日

東京都町田市

9月24日

この日「注文をまちがえる料理店」は、新たな一歩を踏み出していました。東京町田市で開かれた認知症の啓蒙啓発イベントに、「注文をまちがえるカフェ」として参加したのです。

参加といっても、僕たち注文をまちがえる料理店実行委員会は、ちょこっとお手伝いしただけ。

「注文をまちがえるカフェ」の主体は、町田のみなさんです。

町田は「認知症への取り組みの先進地」と言われていて、たしかに集まったメンバーが〝粒ぞろい〟。

町田市役所の高齢者福祉課の米山雅人さんは、大手IT企業のマーケターから転職した異色の行政マン。超有名カフェチェーンの〝名物はみ出しマネジャー〟こと林健二さんは、こちらが心配になるほどいつも前のめり。NPOひまわりの会「まちの保健室」の平田容子さんと松本礼子さんは、認知症の当事者が集まって、本人が抱く不安を一緒に話し合う「本人会議」や当事者とその家族とが一緒にくつろげるカフェを運営するなど、知識と実践が同居する、その道のプロフェッショナルです。

6月のプレオープンの後に、注文をまちがえる料理店実行委員会のメンバーで、NPO認知症フレンドシップクラブの理事でもある徳田雄人さんから紹介されてお会いしたのですが、行政、民間、NPOが「認知症に触れてもらおう、知ってもらおう」と、がっちりと手を組んでいる印象で、すぐに「この人たちと一緒になにかやりたい!」と思いました。

このとき、僕が大切にしたいなと思ったのは、「このプロジェクトの主体は町田の人たち」ということです。これから先のことを考えると、注文をまちがえる料理店実行委員会が主体で動くというのは、およそ現実的ではありません。

だって、僕らはみんなボランティア。

6月と9月に2回やるだけでほとんどすべての知力、体力、時の運を使いはたすような状況です。でも、多くの人から「うちの街でも、やってほしい!」という声がどんどん届いている……。

だったら解決策は、ただひとつ。

その街の、その街の人たちによる、その街の人たちのための「注文をまちがえる料理店」を作ってもらえればいいのです。

これは「先進地町田とだからこそやれる！」と思ったチャレンジでしたが……。

それでもやり始めればいろいろありました。

一番大変だったのは、認知症を抱える当事者の思いにどう向き合うか、ということでした。

当日のイベントで働いてもらう認知症の当事者の方たちに、平田さんと松本さんがプロジェクトの説明をしていたときのこと。

当事者の方からの第一声は、怒りだったそうです。

「ロゴのまちがえるの〝る〟の字が横を向いているのは、なんでなんだ！」

「間違えることを象徴させるなんて、私たちのことを馬鹿にしているのか！」

怒涛のごとく反対意見が押し寄せ、途中で「関わりたくない」と帰宅された方もいたそうです。

僕はあとからこの話を聞きましたが、ものすごく考えさせられました。

「注文をまちがえる料理店」で一緒に働いた、認知症の状態にあるホールスタッフの方々。僕はその数時間一緒にいて、楽しくお話をして終わりです。

僕も、ひょっとしたらお客様も同じかもしれませんが、ある種の〝非日常〟を楽しんでいるし、そのことが「注文をまちがえる料理店」の肝でもあります。

だけど、本当に当たり前のことですけど、当事者の方やそのご家族からすれば認知症は〝日常〟です。僕はどこまでそのことに思いを至らせていたのか、自問自答せざるをえませんでした。

その後、町田での話し合いは1か月にわたって行なわれました。記憶の定着が定かではない方もいる中で、話し合いが振り出しに戻ることもあったといいます。それでも平田さん、松本さんが大切にしたのは、あくまでも本人たちの意志。やるかやらないかは、誰かに決められるものではなく、本人たちが向き合って決めるべきだという考えから、全員の納得が得られるまで、粘り強く妥協のない話し合いが重ねられたのです。

そして、最後は「当事者である自分たちが発信することで、認知症への誤解と偏見をなくしていこう。そのために、いま注目されている『注文をまちがえる料理店』を利用しよう」ということで、イベントへの参加が決まったそうです。

「ごめんなさいね」と平田さんはいいました。

「利用しようだなんて、あまりいい言葉じゃないわよね」と。

いや、すごく嬉しい言葉でした。

どんどん、したたかに、利用しまくってほしい。

「注文をまちがえる料理店」が、いよいよ僕らの手を離れて、町田の人たちのものになっていくような気がして、僕はものすごくワクワクしたのです。

注文をまちがえるカフェ

イベント当日。

「注文をまちがえる料理店」は、その名を「注文をまちがえるカフェ」と変え、イベント会場に登場しました。

注文をまちがえる料理店実行委員会からは、TBWA\HAKUHODOのアートディレクター小川貴之さん（町田市出身）、プロデューサー濱田悠さん（町田の大学出身）の町田にゆかりのある2人のもとに、デザイナーの榎悠太さん（2年目）とTOWのイベントプロデューサー齋藤拓さん（1年目）の超若手コンビがつき、立看板やメニュー表、オーダー票といったデザインまわりの作成と、当日のオペレーションのアドバイスとマニュアルの作成などをお手伝いしました。

午前10時から始まったのですが……。

カフェは大盛況！　カフェのブースの前には長蛇の列、列、列。

飛ぶように飲み物が売れていきます。

本番前に何度もオペレーションのシミュレーションを重ねてきたという、林さんたちカフェチームと、平田さん&松本さんたち福祉サポートチームの連携もスムーズ。

認知症の当事者のホールスタッフがいきいきと動けています。

開店直後、当事者のご家族がカフェの様子を見に来られました。

その中で、立ち尽くしたまま、涙を流している女性がいました。

「あんなに嬉しそうにしている夫を見たのは、ひさしぶりです」

夫が認知症と診断されてから、ひとときも気持ちを離すことなく見守り介護をしてきた。

一人では何もできないんじゃないかと思っていた夫が、あんな笑顔で、誰かのために働いている。

心配で見に来たけど、こんな夫の姿を見たことがない、と泣いていました。

カフェが始まってしばらくたつと、徐々に仕事にも慣れてきたホールスタッフのみなさんの表情はどんどん柔らかくなり、お客様と談笑するように。ご家族だけでなく、平田さん、松本さんたちサポートスタッフも内心驚いていたといいます。

午後2時半、無事に「注文をまちがえるカフェ」は閉店となりました。終わったあと、きょう初めてお会いしたという認知症の当事者のホールスタッフ同士が肩を組んで「またお会いしましょうね」と笑いあっていました。

そんな光景を眺めながら、松本さんがこうおっしゃいました。

「ホールスタッフのみなさんにとって、きょうのこの〝疲労感〟がいちばんの報酬だと思います。こんなに心地よい疲労感を得られて、みなさん今夜はぐっすりですよ」

このあと町田でどのような動きが生まれるのかはわかりません。これまでとおり、町田の人たちは、町田の人たちの思いや考え方で、これからも認知症とともに暮らしていくでしょう。

いつかその暮らしの風景の中に、「注文をまちがえる料理店」が溶け込むことができたら。

僕たちは少しずつ、そんな夢を見始めているのです。

これから

いまこの本を書いているのが、2017年11月で、あれから2か月以上が経ちました。

その間、国内外あわせて100を超える取材依頼が舞い込み、たくさんの取材を受けてきました。

取材のとき、最後に必ず聞かれるのが「で、このあとはどうされるんですか?」ということです。


これが一番ドキドキする質問です。

そもそも、「なんかワクワクするからやってみようぜ!」というノリで始まっているようなところがあります。1年前にはまさかこんなことになっていようとは想像もしていなかったわけで、取材をしてくださっている記者さんの目を見ていると、「このままノリで頑張ります!」とはいえない雰囲気が漂っています。

ですから、本当に苦手なんですけど、今後のことを考えてみました。

まず、「注文をまちがえる料理店実行委員会」は解散します。

みんながこれだけの労力と情熱を注げたのは、ビジネスライクな関係ではなく、思いを共にするボランティア中心の実行委員会方式が功を奏したところはありますが、これでは長続きはしません。

ですから、実行委員会は解散。そのかわりに、法人化しようと思っています。

代表を和田行男さんがつとめ、法人の事務局が対外的な窓口や資金の管理などを行ないます。元実行委員会のメンバーは必要に応じて招集されて、可能な範囲でお手伝いをするスタイルになっていきます。

そして、各地から寄せられる「自分の街でも『注文をまちがえる料理店』をやってみたい」という声に少しずつ応えていこうと思っています。

町田でやってみて思うのは、ワクワクだけでは実現しない、ということです。やはり各分野のプロが集まり、地に足をつけて、じっくり進めていかなければ、誰かを傷つけることになるかもしれませんし、予期せぬ事故が起きたり、大バッシングにさらされる可能性もあることが改めてわかりました。

「注文をまちがえる料理店」をやることは、けっこう難しいのです。

ですから、毎日のように届く「自分の街でもやりたい！」という声には、心から感謝しつつも、焦ることなく、じっくりと向き合いたいと思っています。

「注文をまちがえる料理店」をやるために必要なことをきちんと共有し、入念な準備を重ねてもらえる人たちと一緒に、少しずつ進めていきたいと思います。

ちなみに。9月のクラウドファンディングでは、たくさんの支援が集まりましたが、そのお金で皿やマグカップ、エプロン、バッヂなどいくつものグッズを作りました。

これは、すべて貸し出しが可能です。

「一緒に進めましょう！」となって、必要があれば、いくらでもお使いいただけます。

少し時間はかかりますが、僕たちも体制を整えつつあります。

ノウハウもグッズも、出し惜しみなしです。


次は、どこの街でどんなカタチの「注文をまちがえる料理店」が開かれるのでしょうか。

それは僕にもさっぱりわかりません。

ドキドキ、ワクワクしながら、その日を待っています。

おわりに

これで、僕の話はおしまいです。

「注文をまちがえる料理店」をやってみて、一つ興味深いことがありました。

それは海外メディアからの注目度の高さです。

最終日の4コマ目に取材に来てくれたメディアは、中東「アルジャジーラ」、アメリカ「ニューヨークタイムズ」、中国「CCTV（国営放送）」、韓国「KBS（公共放送）」でした。

「注文をまちがえる料理店」は、国や人種、思想を越えて、少なくとも150か国以上に配信されたのですが、正直、これほどまでに海外から注目されるとは思ってもいませんでした。

海外メディアの方々に「なぜ取材に来てくれたんですか？」と聞いてみると、大きく

2つの反応が返ってきました。
①認知症の人がなぜあんなに笑顔になれるのか信じられない。
②お客さんがなぜ間違われても怒らないのか理解できない。

この疑問に答えることはできます。

でも、それ以上に僕が感じたのは、

「間違えちゃったけど、ま、いいか」

そういいあえることって、意外と世界中の人が求めていることなのかもしれないな。

ということでした。


そして、そう思ったときに「WARM JAPAN」というワードが頭に浮かびました。


日本に行ったらさ、あったかい気持ちになれるんだよ。

認知症の人が働くレストランがあってさ、そこでは間違えたってみんなが「ま、いいか」って笑いあうんだ。なんだか日本にいると心地いいよね……みたいな。

「COOL JAPAN」も、もちろん大事だと思うのですが、これから先は「WARM JAPAN」のようなことも大きな価値になっていくのではないかなと思うのです。

そう考えると、2020年の東京オリンピック・パラリンピックは大チャンスです。和田さんたちと話しているのは「選手村の横に『注文をまちがえる料理店』を作れたら最高やな」ということです。そして個人的には、「注文をまちがえる料理店」も含めた「老いや障がいに触れるテーマパーク」を作ってみたいと、わりと本気で考えています。

知っているようで、知らない。そういうことって、認知症に限らず、たくさんあるような気がするんですよね。たとえば、LGBTという言葉もそうですし、発達障害という言葉もそうです。

そういう、みんなに〝知ったかぶられている〟世界を、楽しく、エンターテインメントに触れることのできるテーマパークができたら……それがWARM JAPANのスタートのような気がしているのです。

最後になりますが、この1年、一緒に走り続けてくれたみんなにお礼をいいたいと思います。

まずは「注文をまちがえる料理店実行委員会」に参加してくれたメンバー。

以下、敬称略にて、

大起エンゼルヘルプの和田行男、小林由憲、福井幸成、稲見邦子、廣瀬明子、ケアワーク弥生の飯塚裕久、大崎美沙紀、ブーランジェリーエリックカイザージャパン代表取締役の木村周一郎、TBWA\HAKUHODOの近山知史、徳野佑樹、小川貴之、平久江勤、濱田悠、榎悠太、大柿鈴子、Yahoo! JAPANの岡田聡、箕輪憲良、Readyforの米良はるか、夏川優梨、大久保彩乃、RANDYの小手川由佳、一風堂の坂下大樹、荒川勝利、三上貴司、関口照輝、木村知昭、グリル満天星の西岡弘文、竹内英幸、虎屋の住吉正二郎、下川雅史、平野靖子、カフェ・カンパニーの和田剛、NPO法人maggie's tokyo共同代表理事でテレビ局の記者・キャスターの鈴木美穂、NPO法人認知症フレンドシップクラブ理事の徳田雄人、TOW齋藤拓、立教大学の松本彩恵、僕の同僚でもある増澤尚翠（所属先については、２０17年9月のもの）。

ほとんどがこのプロジェクトを通して初めて出会った人たちばかりなんですけど、ぜんぜんそんな気がしないのはなぜなんでしょうか。ずっと昔から一緒に遊んできた友達みたいな感覚になれる、最高のメンバーでした。みんなとだから「注文をまちがえる料理店」はできたんだと本気で思います。

そして、吉野家ホールディングスの河村泰貴さん、新橋亭の呉祥慶さん、力の源ホールディングスの清宮俊之さん、ファインフードシステムズの三宅仲幸さん、カフェ・カンパニーの楠本修二郎さん、77会のみなさま、トーマス アンド チカライシの力石寛夫さん、タワシタの佐藤拓也さん、虎屋の黒川光博さん、サントリーの沖中直人さん、仁賀正典さん、神谷香七さん、アバンティの渡邊智恵子さん、奥森秀子さん、北内美紅さん、ヤマハミュージックジャパンの佐藤雅樹さん、塚原環さん。

みなさまがいなかったら、と思うとぞっとしますが、みなさまのおかげで「注文をまちがえる料理店」は最高のお料理と環境を提供することができました。

最後に、なんといっても注文をまちがえる料理店で働いてくださった、認知症を抱える方々にお礼をいいたいと思います。みなさんの〝あたりまえの姿〟が、世の中の空気を少しずつ変えていくのだと教えてもらいました。

本書の中に出てくる、元高級料亭の女将さんだった、シズさん。

「注文をまちがえる料理店」に参加した1か月後の2017年10月に、脳こうそくでお亡くなりになりました。ご家族によると、「注文をまちがえる料理店」から帰ってきたとき、シズさんは、こうおっしゃっていたそうです。

「自分はまだまだ、できる。自信がついたわ」

そんなシズさんをはじめ、たくさんの人の最高の表情を記録してくれた、D-CORDの森嶋夕貴さん。6月のプレオープンからずっと何千枚もの写真を撮ってくれました。森嶋さんの写真を見て、本書をフォトドキュメンタリーブックにしようと決めました。森嶋さんの写真には「注文をまちがえる料理店」の空気と精神が詰まっていると思います。しょっちゅうやれるわけではない「注文をまちがえる料理店」ですから、たくさんの人にこの写真を見てもらいたいなと心から思います。

そして、この本の〝伴走者〟となってくれた方丈社の小村琢磨さん。「書くの辛いっす」とすぐ泣き言をいう僕をなだめ、すかし、励ましてくれました。小村さんとともに9月15〜18日の取材をしてくださったライターの鈴木靖子さん。お二人の奔走ぶりを見ていて、実行委員会のメンバー全員が「ここまでやるんだ、すげぇ」と思っていました。この本ができたのは、まちがいなくお二人のおかげです。ありがとうございました。

「注文をまちがえる料理店のつくりかた」、ちょっとは伝わりましたでしょうか。この本を読んで、「やっぱり、本気でやってみたい！」と思ってくださった方は、まもなく生まれるであろう、新法人までご連絡ください。一人でも多くの人と「てへぺろの輪」を広げられればと思います。

といってみましたが、いまは少しだけ休みたい……というのが本音なので、どうぞお手柔らかにお願いします（てへぺろっ！）

2017年11月　小国士朗

注文をまちがえる料理店 チーム図

THE RESTAURANT OF ORDER MISTAKES

1 福祉サポートチーム

認知症の状態にあるホールスタッフの人選。ホールスタッフの体調管理や心理的ケア、ホール作業を必要に応じてサポート。ホール内での基本的なオペレーションも設計。

＊ リーダー：和田行男
＊ サブリーダー：小林由憲、飯塚裕久、福井幸成

2 クッキングチーム

料理店の場所を提供。メイン料理、デザート、ドリンクの提供。福祉サポートチームと連携し、外食サービス業の観点からオペレーションを担当。

＊ リーダー：小手川由佳
＊ サブリーダー：木村周一郎、和田剛
＊ キッチン：RANDY、一風堂、グリル満天星
＊ デザート：虎屋
＊ ドリンク：カフェ・カンパニー、サントリー

3 コミュニケーションデザインチーム

本プロジェクトをより広く、多くの人に知ってもらうためのデザインや情報、プロジェクトの中身を戦略的・総合的に設計。

＊ リーダー：近山知史
＊ デザイン：徳野佑樹、小川貴之
＊ 映像記録：大柿鈴子

4 ミュージックチーム

三川さんの弾くピアノを準備。

＊ 協賛：ヤマハミュージックジャパン

5 クラウドファンディングチーム

本プロジェクトの資金調達に必要なサポートを担当。今回はクラウドファンディングサービスを利用。

＊ リーダー：米良はるか
＊ サブリーダー：夏川優梨

6 プロデュースチーム

料理店で使う、皿、マグカップ、エプロンといったアイテムの制作とイベントの進行管理を担当。

＊ アイテム：平久江勤
＊ イベント：濱田悠
＊ 協賛：アバンティ
（オーガニックコットンで作られたナプキンとおてふき）

7 注文をまちがえる料理店実行委員会事務局

全チームとの連絡のとりまとめや作業の調整、広報対応など事務作業全般。

＊ リーダー：増澤尚翠
＊ 広報対応：大久保彩乃

8 デジタル発信チーム

国内外問わず、本プロジェクトを広く発信するためのデジタル施策全般を担当。

＊ リーダー：岡田聡
＊ サブリーダー：箕輪憲良

このような
8つのチームが
集まって
この料理店は
できています。

小国士朗
おぐに・しろう

*

「注文をまちがえる料理店」発起人。

普段はテレビ局ディレクター。

2013年に心臓疾患を抱えたのをきっかけに、

“番組を作らないディレクター”として生きることを決意。

「失うものがあれば、得るものもある」。

大手広告代理店への9か月間の企業留学などを経て、
150万ダウンロードを突破したスマホアプリの企画開発や
「注文をまちがえる料理店」などを手掛ける。

「あいつの仕事ってなんだっけ？」

と周りからいわれるようになったが、

「こちらが教えてもらいたいくらいです……」

といつもドキドキしている。

香川県生まれ、埼玉育ちのアラフォー。

好物は、ハンバーグとカレー。

注文《ちゅうもん》をまちがえる料理店《りょうりてん》

のつくりかた

2017年12月28日

第1刷第1版発行

著者

小国士朗《おぐにしろう》

発行人

宮下研一

発行所

株式会社方丈社

〒101-0051

東京都千代田区神田神保町1-32 星野ビル2階

tel.03-3518-2272／fax.03-3518-2273

ホームページ http://hojosha.co.jp

印刷所

中央精版印刷株式会社

 ISBN978-4-908925-21-4